歴史文化ライブラリー
148

江戸店の明け暮れ

林 玲子

吉川弘文館

目次

江戸店とは何か――プロローグ

時の流れ

二七〇年近い長さをもつ江戸時代には商人の種類や性格も時代によって変化した。現在の日本をみても、敗戦期、戦後復興期、高度成長期、落込みの時代と数十年の間にめまぐるしい展開があったことは多くの人が感じているだろう。その何倍もある江戸時代が一律だったはずがない。

私は基本的に庶民の立場から歴史を見てみたいと考え、十七世紀以降の商家内部史料を背景に、最初は商品流通の世界を取り上げた。最近は江戸時代の商品流通のあり方に、(1)「点と線の商品流通」、(2)「網の商品流通」、(3)「面の商品流通」という三つの型があったのではないかという説をたてている（歴史文化ライブラリー112『江戸と上方《かみがた》　人・モノ・カネ・

情報』、二〇〇一年、吉川弘文館)。

(1)は十七世紀中葉から終りごろまでみられた型で、史料の残っているのは寛文《かんぶん》〜元禄《げんろく》期(一六六一〜一七〇三)のものが多い。江戸の問屋も「荷受《にうけ》問屋」と私たちが呼んでいる商人で、売手と買手を仲介することにより、手数料を入手し、商品は何でも扱う。対象商人は江戸だけでなく、西国・東国各地におよぶ。領主とは関係なく、問屋・仲買・小売・地《じ》方《かた》農民が自在に動き回った。ところが問屋を介して商品を動かしていた仲買層が、江戸では「仕入《しいれ》問屋」と私たちが呼ぶ問屋に成長する。最初は仲買として十七世紀に出発した上方商人が力を伸ばし、元禄(一六八八〜一七〇三)・享保《きようほう》(一七一六〜三五)〜寛政《かんせい》(一七八九〜一八〇〇)期に最盛期を迎える。だいたい十八世紀いっぱいである。問屋たちは、網のしぼり目のような役割を果したので、これを(2)「網の商品流通」と名づけた。(3)は十九世紀に入ったころからみられる新しい商人層が中心となる型である。(1)の段階の問屋は衰退・方向転換をして歴史の舞台から消えた。(2)の問屋のなかにはその後も生き残り、十九世紀に新しい問屋層が成長してきても、本来の問屋層であると称して肩を並べ、(1)↓(2)のように交代というような事態はなかった。

三つの型の商品流通については他書でのべたし、紙数も限られているので、本書では(2)、(3)の時期に展開した江戸店《えどだな》のなかで、私が手がけた史料があり、性格もある程度判明した店のみ取り上げてみたい。もちろん、このほかに各種の江戸店が存在していたし、多くの研究がなされていることは承知のうえであるし、私の著作集などとだぶってもいる。しかも一般の方たちを対象とする本書では、江戸時代にふさわしくない用語や表現を用いている。もしご不満の方は本書の「あとがき」に示した旧刊編集の著作集や、刊行中の白木屋史料集をご参照いただければ幸いである。

本書の江戸店

なお、最初は私の関係した各業種問屋の江戸店を取り上げる予定であったが、紙数が限られていることや、内容が散漫になるきらいもあるので、本書では現代も親近感の強い大手呉服問屋江戸店に焦点をしぼった。

江戸店の構成

江戸店の名義人と居住地

江戸店の名義人

江戸店《えどだな》は主家《しゆけ》・本店《ほんだな》が他地にあって江戸に出店《でみせ》（現在なら支店にあたる）をかまえた場合をさす。なかには江戸府内に主人がおり、他所に江戸店を設けることもあるが少数である。十七世紀後半ごろには厖大《ぼうだい》な人口を擁しはじめた江戸は、十八世紀に入ると一〇〇万〜一二〇万人が居住していたのではないかといわれている。徳川将軍家の城下町であり、参勤交代によって諸大名やその家臣たちも居住しなければならず、大奥はじめ大名の妻女も生活を義務づけられていたから、上は将軍家から下は日雇いにいたる各階級の人びとが渦巻いている大都市であった。

町の性格上、江戸店は販売を目的とする店が主流であり、その扱い商品は時期により変動したが、十八世紀以降幕末にかけては問屋層が江戸店を設けた最大のグループだろう。

主家・本店が他地にある場合、江戸店を設けた店名義人《たなめいぎにん》がどこに住んでいるかが調べられ、江戸店を支配する者として店預人《たなあずかりにん》が指名されていなければならない。今でいえば支店長である。店預人は奉公人であるから交代するが、「問屋株帳《かぶちょう》」と呼ばれる公的史料には、名義人・店預人とその交代が問屋仲間ごとに記されている。現在遺っていて活字化されているのは東京大学経済学部所蔵史料（るぼわ書房刊、一九九八年）と国立国会図書館所蔵史料の二点である。前者には欠けている問屋仲間があるし、後者にはさきにあげた(2)、(3)の時期の問屋層も含まれているので、後者の史料を整理したものを参照してみよう。

名義人の居住地

嘉永四年（一八五一）の江戸店名義人は旧来の十組《とくみ》問屋を中心にこの時点まで残った大店《おおだな》が大部分で、天保期（一八三〇〜四四）の株仲間解散令以降の変動も含まれている。私の整理した問屋株六五組一五九五株のうち、八九株は京都に本店があり、八二株が伊勢に、五九株が近江に本店があった。問屋のなかには江戸店を設けず主人ともども営業している店が問屋株帳に多くなっている。

江戸以外に店名義人が居住する三四四株のなかで、京都・伊勢・近江三地の二八九株（約六七％）が圧倒的地位を占める。その他では二六株全部が阿波国に居住する藍玉《あいだま》問屋が目立つくらいで、三都の一つ大坂からは六組七店が出店しているにすぎない（林玲子『江戸・上方の大店と町家女性』第一表、吉川弘文館、二〇〇一年）。

ただし、一人の名義人がいくつかの株を持っている場合があることと、名義人名は違っていても、経営体が同一である店もあり、軒数はこれより減るが、三地に名義人や主家が居住し江戸店を設けている例が多い。

このうち、伊勢に本家・本店があり他地に出店を持てば、「伊勢店《いせだな》」と呼ばれ、近江も「近江店《おうみだな》」といわれる。そのなかには江戸店も含まれるが、日本各地に出店があり、現在でも〝あの酒屋は近江店系だ〟とか、〝そこの呉服屋はもと伊勢から来た〟などと地方で地元の人びとからいわれたりする。これに対して、京都に本店があり江戸店を持った場合は「江戸店持京商人《えどだなもちきょうあきんど》」といわれた。とくに呉服商品は江戸にまず顧客を持ち、東国一帯に販路を拡げる商法をとったので、京都出身でなくとも本店は京都に置かなければ仕入ができなかったのである。

のれん内

表と台所

江戸店《えどだな》には女性奉公人はふつういない。とくに上方《かみがた》に本店《ほんだな》があり、奉公人の採用がそちらできまる大店《おおだな》は支配人以下子供（丁稚《でっち》、小僧）にいたるまですべて男性である。中心となる奉公人は十一、二歳ごろから店内に入る人びとである。これらの人には一般的な呼び方がないので、ここでは「表《おもて》」奉公人としておこう。それより人数は少ないが、正規の奉公人で「台所」と名前の上につけられた人びとがいる。字が示すように、食事を作る仕事をするが、それ以外に表奉公人の供《とも》をしたり荷物運びをするなど、通常下男とみなされる勤めをする。仕事が仕事であるから成年男子が雇われ、契約の仕方も別で、短期で辞める者もかなりいる。ただし上方下りの者で信用第一ということから、大店では長期にわたる奉公人もおり、病気その他で差別がない部分もあるが、両者間で転任できなかったし、「御暇《おいとま》」のさいの報酬のように差がはっきりしている面もあり、「表」と「台所」の組み合せで江戸店は運営されていた。

表奉公人の全員と一部の台所奉公人を含め、大部分の人びとには苗字《みょうじ》がついている。よく江戸時代には武士など支配階級以外は苗字が名乗れず、近代になってはじめて庶民も苗字がつけられるようになったということがいわれる。公式に「お上《かみ》」に出す書類には苗字を記すことは許されないので、「宗門人別帳《しゅうもんにんべつちょう》」には苗字付きの人はほとんどない。しかし、村でも町でも私的に苗字や屋号がないのは日常生活に不便であり、白木屋などの店の帳面で苗字が付いてない者は数えるほどである。ただし証文類に記すとき、苗字・名前を記名・捺印するが、商家なら「白木屋太兵衛㊞」といったぐあいに記名・捺印した。

家守衆・出入衆　江戸店奉公人の主要な構成員は表・台所の人びとだが、その周辺には諸種の要員がおり、「のれん内《うち》」と筆者が名づけたグループを形成している。白木屋の史料に十八世紀後半の「歳時記」と題したものがあり、年々の日本橋店の行事が記されているが、そのなかで江戸の祭りのさい、どのような人びとが招かれたかが示されていた。よく呼ばれているのが、「家守衆《やもりしゅう》・出入衆《でいりしゅう》」である。

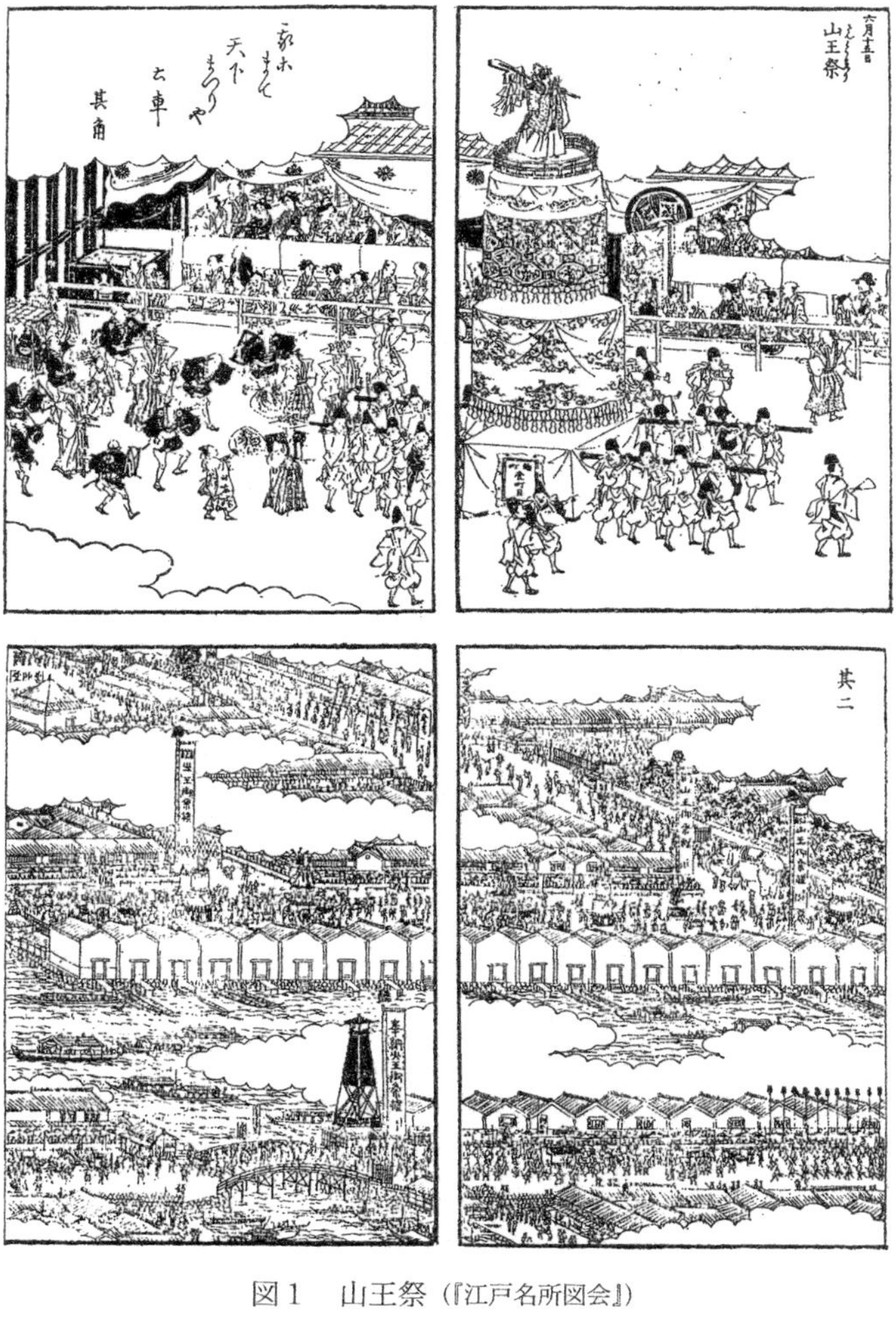

図１　山王祭（『江戸名所図会』）

家守というのは、店が占有している屋敷地に何軒も建てられている家々を管理するよう命ぜられた人びとで、現代ならば貸家管理人だろう。毎月店賃《たなちん》を集め、空いた家があれば確実性を考えて貸付ける。落語に登場する「大家《おおや》さん」は家守をさすものであり、日々の屋敷地内部の家々に眼を配らねばならない。家守には給金が支給されるが、成績が悪ければ交代を余儀なくされただろう。家守も本店に伺候《しこう》し主人にお目見得《めみえ》することがあったようだ。

出入衆はいろいろな種類があり人数も一定でないが、江戸店でいちばん必要とされたのは鳶《とび》や大工など消防・建築・修理・店の防衛に従事した人びとだろう。ジャンと鐘が鳴れば半纏《はんてん》を着て駆けつける出入を用意しておかねば、店員だけでは処理できない事態が多かったのである。京都のように仕上・加工の仕事が盛んな地域では、特定の問屋と長年契約している者や、あちこちの店と取引しなければならない業者が多数いたが、江戸の呉服問屋では仕立を引受けても府内ではなく京都に依頼することが多いので、その関係の出入衆はいても少数だったようだ。

江戸で米不足になり、打ちこわしが起こりそうな時期には、江戸の大店は出入衆一軒ごとに米を配り、民心を収めるよう努力している。火事・地震など被害にあった出入に救助の手を差しのべることもあった。

のれん分け

江戸時代の商家では、永年奉公して重役クラスになった者に、屋号・のれん印を認め別家《べっけ》をたてることを許す慣例があった。「網の商品流通」以降といってよいかもしれない。この慣例は大店にかぎらず、大中規模の商家でも長くつづき、近代以降にも広くみられた。ただし、別家といわれるのれん分けは大店が著名であり、単に自立した本人だけでなく、代々別家店維持のため主家《しゅけ》からの援助や規制がつづいた。

のれんは商家にとって大事なもので、のれん印は各店主家の承認なしにかかげることはできない。たとえば三井越後屋では、一定の重役クラスの役職まで進んだ者には、越後屋の屋号と、丸のなかに井桁《いげた》に三の字を記すのれん印が許されたが、それ以下には屋号は同じだがのれん印は丸なしとか、三の字の代りに越の字というように違いがあった。各店によってのれん印に時代的変動もみられる。

別家になると、大店では講《こう》と呼ばれる仲間組織を作り、集りを持ったり積金《つみきん》をしたりした。主家で何か事があると、家族を含めて主家にかけつけ、立ち働く。別家はそれぞれ家業を持たねばならないが、主家の規定があって同じ職種は禁止されることもあった。もっとも江戸店は問屋が主であるから、小売は場合によれば歓迎されたかもしれない。私がみ

（明治時代）

た別家商売のわかった例では、それまでの仕事と関係のない営業を選んだ家や、数種類の商品を扱う店もあった。

長い間独身生活をつづけた後での自立であるから、その時に結婚した者も多かったらしく、別家に対しての主家の祝い品には家族を想定させる物を含むことがある。主家のなかには別家を出す場合の積立金をしていた大店もあり、奉公人生活の最後を飾る地位としての別家の存在は輝かしいものであった。

同時に別家の維持・存続には主家からの規制もあったようだ。適当な後継者がいないときには主家から血縁者でない者が送りこまれる。次々と新しい「お暇」の人びとが生まれる主家では、頼りない後継よりは別家存続のため若い

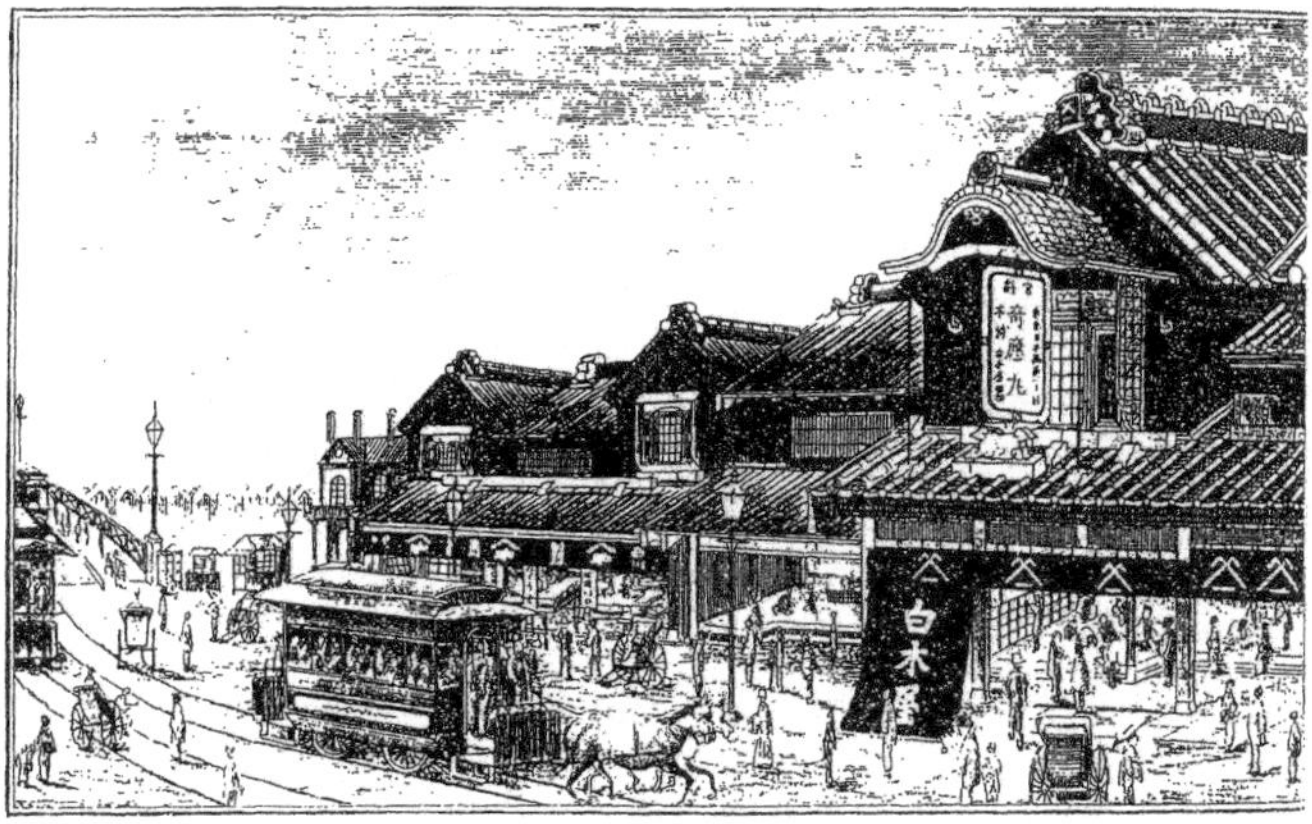

図2　白木屋

奉公人を送りこむことが必要とされたのかもしれない。

口入人・飛脚問屋

正規の奉公人ではないが、特定の江戸店を維持するために欠かせない人びとがいた。その一つが口《くち》入《いれ》人である。遠く離れた上方《かみがた》で江戸店に見合う少年たちを、農村や町で探し出すことは本店の奉公人たちには難しい。どのような人びとが口入人であったかはよくわからないが、地域の様子をよく知りあの家の子供なら大丈夫と思われる少年たちを選んだらしい。貧窮で奉公しなければやっていけないような家だとあとあと厄介を起こすからと、ある程度裕福な家庭の子を狙ったようだ。

家出をしたり病気登《のぼ》りをする江戸店奉公人が

図3　江戸下りの浮世絵

いると、故郷の家族だけでなく口入人にも連絡され、家出の場合には拘束したり江戸に送り返す役割を担わされている。現代のように各種のメディアがある時代ではないから、すべて見聞に頼る近世で、どのように情報が村や町に伝わっていったのかは、これからの研究課題の一つかもしれない。

大きな呉服問屋はじめ各種の江戸店では、一〇人以上の少年たちが上方の本店で採用が決定され、多く春秋二度飛脚《ひきゃく》問屋の宰領《さいりょう》が引連れて江戸に集団で下った。わらじをはきかえはきかえ下ったという説明がついている浮世絵も残っている。この飛脚問屋についてはいろいろ研究がされているが、呉服問屋は京都という内陸部に本家や仕入店があったため、特定の店との関係が深かったとされている。逓信《ていしん》総合博物館（千代田区大手町）所蔵の「島屋佐右衛門家声録」という史料によると、白木屋の下男だった近江屋五兵衛（元の名は白木屋太郎助）が越後屋の手代孫兵衛と仲間になり、上州と江戸・京都への輸送を始めるようになった旨のことがのべられている。廻船《かいせん》問屋のように多数の荷主や受取主のいる輸送業者と異なり、特定の呉服問屋の荷物専門輸送業者である飛脚問屋は、口入人同様広範囲の「のれん内」といえる。江戸と京都を結ぶ東海道や中山道を往来する奉公人や荷物を扱い、甲州その他江戸周辺との結びつきにも介在した。江戸店は馴染《なじみ》の飛脚問屋に資金上の援助をすることもあり、江戸での出店を分店扱いにした場合さえあった。

終身雇用か

日本の労働社会の特徴として終身雇用制や年功序列制が取り上げられ、その発端は江戸時代の商家のあり方だったといわれることがある。はたしてそうだろうか。たしかに現代の雇用契約書にあたる「奉公人請状《うけじょう》」には、契約期限や賃銀、労働の内容などが記されているが、江戸店を構えるような大店の請状には、表《おもて》奉公人の場合何年勤めるとか給金などの記載はない。十歳代前半の子供時代に遠く故郷を離れ、一生奉公を志して江戸に下ったはずである。ただしその後の勤務状況をみると、現在のように永年同じ企業に退職まで数十年も勤めるという形態ではない。

しかし主家と奉公人、それを取り巻く出入りの人びと、家守《やもり》衆《しゅう》などを含む「のれん内」の一員になった者は、簡単にそこから抜けることや勤め替え、再勤も許されないことが多かった。武家社会と異なる商家を貫く意識は、「お店《たな》の存続と繁栄」であった。存続のためには主家と奉公人の緊密な連帯感が必要とされる。主家は多く血縁による相続人が中心となるが、場合により養子や姻族がたてられることもあり、必ずしも名義人と一致するわけではない。ときには若い養子が「御主人様」とまつり上げられて経営にタッチできず、隠居したいと駄々をこねる例もあったし、名義人である主人自体が江戸店はじめ各地の出店を巡回し、主体的な役割を果たす場合もあった。なかには女性が動いたこともあり、武家社会とはあり方が違っていたことがわかる。

そうした諸種の主家を支え、繁栄に導くのは奉公人たちであり、とくに江戸店は主家の者が常駐していないから店預《たなあずかり》人以下すべて雇われ重役的な存在だった。そこには天下りはおらず、すべて子供から勤め上げた子飼いの人びとが中心だが、重役クラスまで栄進した者はほんのひとにぎりだったし、他の多くの奉公人は依願退職にあたる「首尾能御暇《しゅびよくおいとま》」が許されればよいほうで、病気や死亡、家出などで姿を消すほうが多いくらいである。最初の契約が終身雇用的なものであり、本人もそのつもりであっても、その願望は果たされなかった人びとが大部分だった。

年功序列制

ほぼ同じ年齢の少年たちが「子供」として本店で雇われ奉公を始めたため、十五歳ぐらいまでの子供や、元服後手代《てだい》になるまでの十歳代後半の若者

（白木屋では若衆と呼ばれた）は、入店してから何年目かでランクが決まる。衣類などもすべて年齢に関係なかった。完全な年功序列制といってよい。

正式に店員とされるのは、二十歳前後に手代として認められてからだ。店によってはそのときを「初勤」としている場合もある。これにははじめての長期休暇ともいえる「初《はつ》登《のぼり》」の制度とも関係しているだろう。店によって年数が違うが、上方から奉公に下《くだ》ってきた少年たちには、いわゆる藪《やぶ》入《い》りのような毎年の休暇はない。初登は五〇日だった店がよくみられる。九年前後の年月を過ごして故郷に帰り、家族と対面することを許されるが、その前に本店に行き、御主人様にお目通りしなければならない。以後は手代として店内の各種の部門で修業することになる。給金が毎年出るわけではないので、平手代の収入が年功序列によって多くなっていくことはなかった。

では手代になっても年数によって、しだいに役職につくことが認められたのだろうか。店によってあり方が違うので一律にはいえないが、私のみたかぎりでは役職につけるのは上司による抜擢《ばってき》によっていた。白木屋の例では、最初の役職である小頭《こがしら》になると、毎年「御暇《おいとま》」（辞職願い）を申し出なければならなかった。重役になるためには一六年目の「中《なか》登《のぼり》」、二二年目の「三度登」をすませた後でなければ不可能だったし、そこにたどりつける者は数少なかった。

現在でも重役にまで昇進するには、長く勤めていただけでは駄目で、抜擢で次々と階梯《かいてい》を上っていく少数の人びとがいる企業が大部分である。江戸店には本店からの天下りはないし、人事がうまくいけばお店《たな》繁栄に結びつく。永続できた江戸店の運営を違った眼で見直す必要があるかもしれない。

江戸店の資産

出店《でみせ》、現在でいえば支店にあたる江戸店《えどだな》に特定の資産があったのだろうか。

江戸店は主家《しゅけ》から離れており、奉公人は自在に動くことはできなかったし、店務にあたるのは次々と交代していく奉公人たちであり、今でいう雇われ重役である。火災の多い江戸では書画骨董などを持っても危険だったし、いちばんの財産とされた衣類は個人所有が認められたが、江戸店の資産というわけではない。

屋敷地

江戸店が長期に所有できたのは「屋敷地」である。武家の都である江戸は、幕府の管轄下におかれ、まず武士たちの広大な邸宅地や寺院などが設定され、町人たちは限定された地域に住まねばならなかった。道路もすべて幕府によって決まった寸法で作られた「町《まち》割《わり》」規定下の町人地が大半である。とくに江戸城に近い日本橋や周辺各町は火災があっても大きな変化はみられない。町は特定の幅を挟んで設定されたから、各屋敷地は奥行（縦）は道から道までであり、間口《まぐち》（横）が何尺・何間であるかによって広さが決まった。

町家を含め庶民の屋敷地の状況を示すのが「沽券状《こけんじょう》」である。場所・間口・奥行、面積（坪数）、金額が明示してあり、占有者が譲渡、売買すると新占有者名が記された新しい沽券状が作成される。江戸店は資産として店舗を構えた地域をまず入手し、経営が順調なら隣りへ間口を拡げていく。可能なら他町へも屋敷地占有の手を伸ばした。担保としてもっとも確実なものとみなされ、幕府御用金を扱う大手両替商は預り金に見合う屋敷地を占有する義務さえ担わされた。

火災予防の施設

江戸店は販売を担当する仕事が主流であるから、本店・仕入店が多い上方から仕入れた物品や、江戸店独自に買入れた物を管理しなければならない。もっとも商品の種類によっては、必要に応じて上方や東海各地から取寄せたり、仕上げ・加工などは上方に依頼し、できあがった商品は客に通帳につけて渡し、勘定は決済時まで待つ場合が多かったので、商品が江戸店に並んでいたわけではない。しかし見本として置いてある場合や、客に送り出すまでの在庫品もあったから、これらも江戸店の資

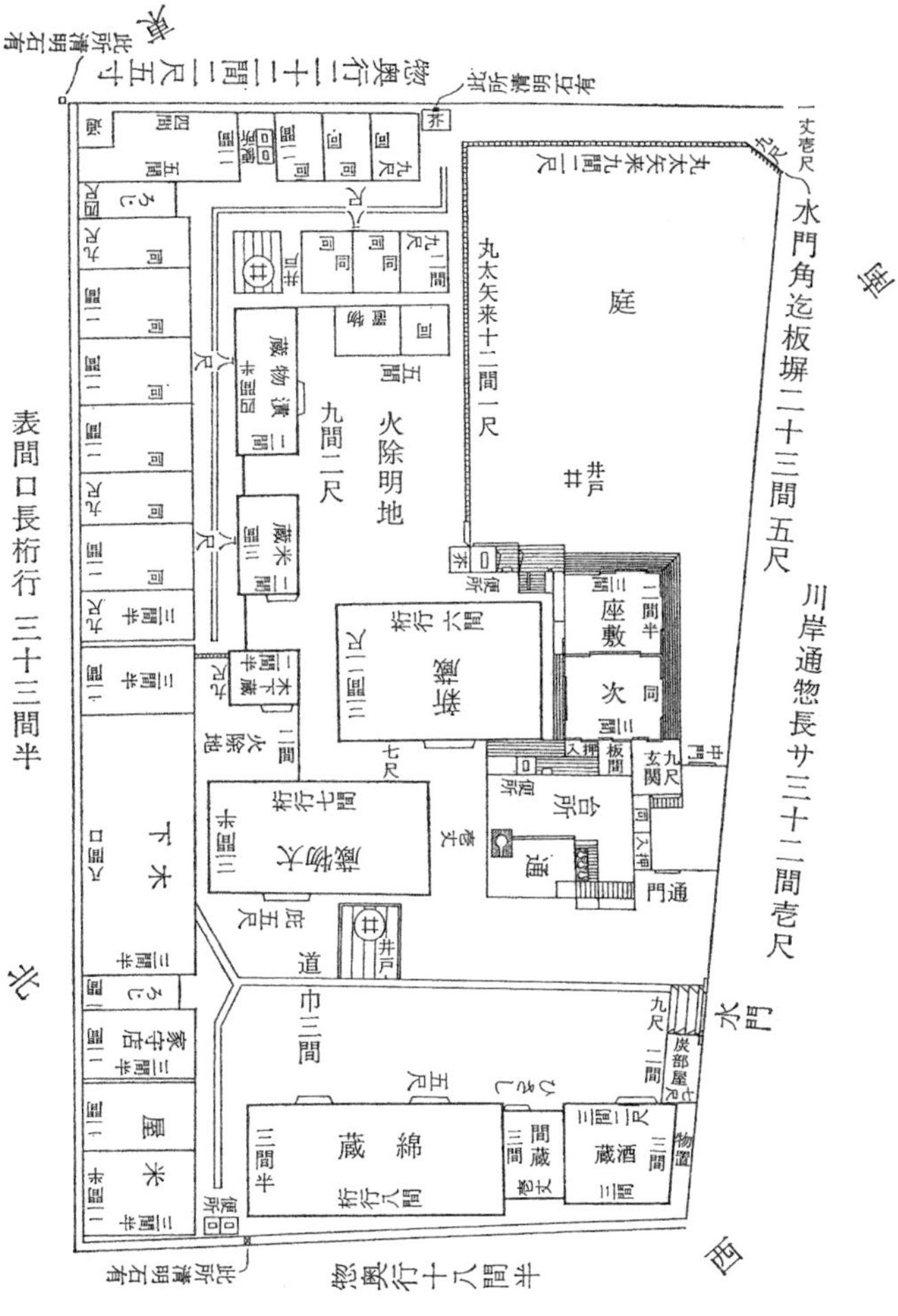

図4　白木屋屋敷図（『持屋鋪絵図書』より）

産であった。

火事がしばしばあった江戸では、在庫品を護るための蔵や地下穴蔵が必要とされた。前にのべた鳶《とび》など出入りの者たち（出入衆《でいりしゅう》）が駆け付けねばならない事態も多かったのである。幕末になると打ちこわしに遭う心配さえあった。自店での保管に頼るだけでなく、日本橋から遠く離れた安全な地域に蔵屋敷を用意し、余分な仕入品をそちらに置いたり、火事にあってもすぐ再建できるよう材木を準備する手回しのよい店もあった。大店になると、全焼してもすぐ仮店舗を設けたり、新建築を早々に始める店がある。店員や出入りの者などの人手だけでなく、在庫商品や再建に必要な諸用具・材料を取り揃えていたのである。

中央区では二〇〇〇年十二月から日本橋一丁目遺跡調査を開始し、二〇〇一年五月二十七、二十八日に一部発表の見学会を開いた。地域はこれから扱うことの多い白木屋の通《とおり》一丁目近くであり、私の近辺者も遺跡見学に参加したので、そこで配布された資料を参考にしてみたい。

明治六年（一八七三）の第一大区沽券図に大村彦太郎と記されているのが白木屋、右隣りの伴伝兵衛がいわゆる伴伝《ばんでん》、左隣りの三井次郎右衛門が越後屋と、通一丁目に面して大店が並んでいる（図6）。今回の調査地はそのすぐそばであり、発掘された遺跡は江戸時

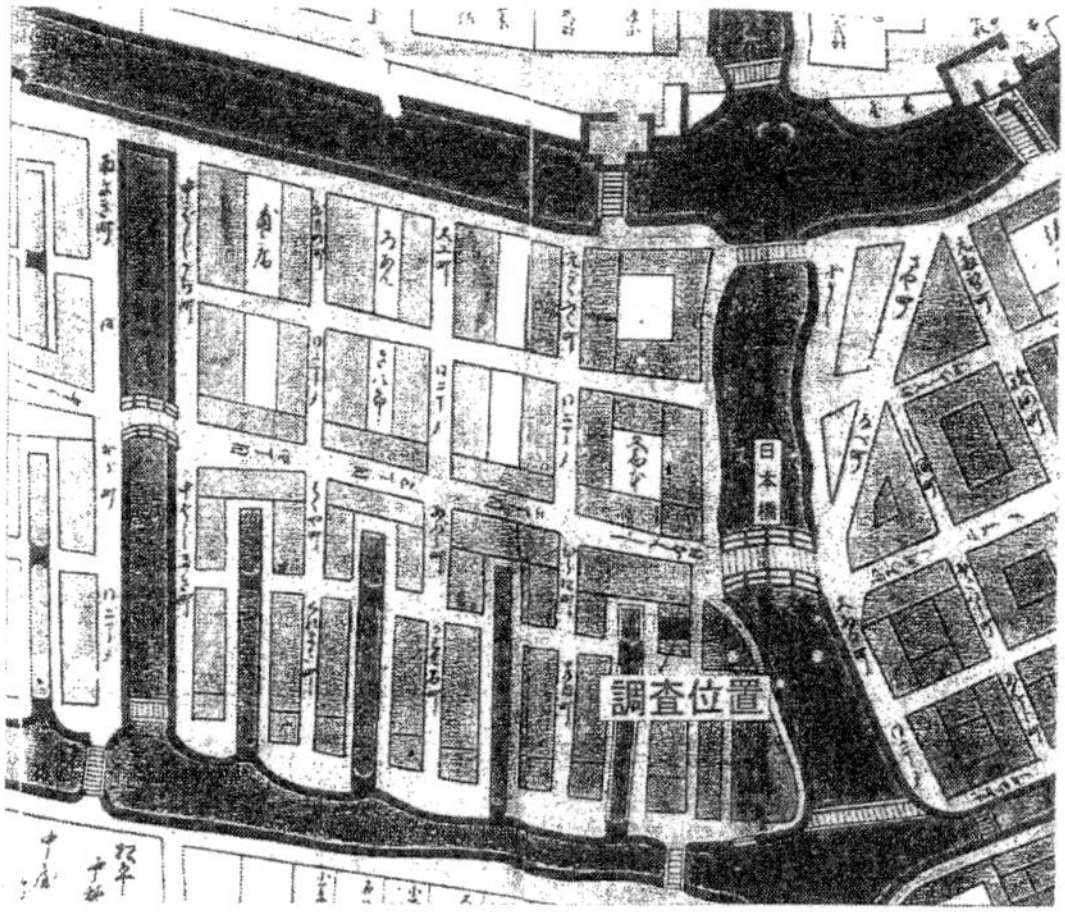

図5　寛永九年日本橋の図

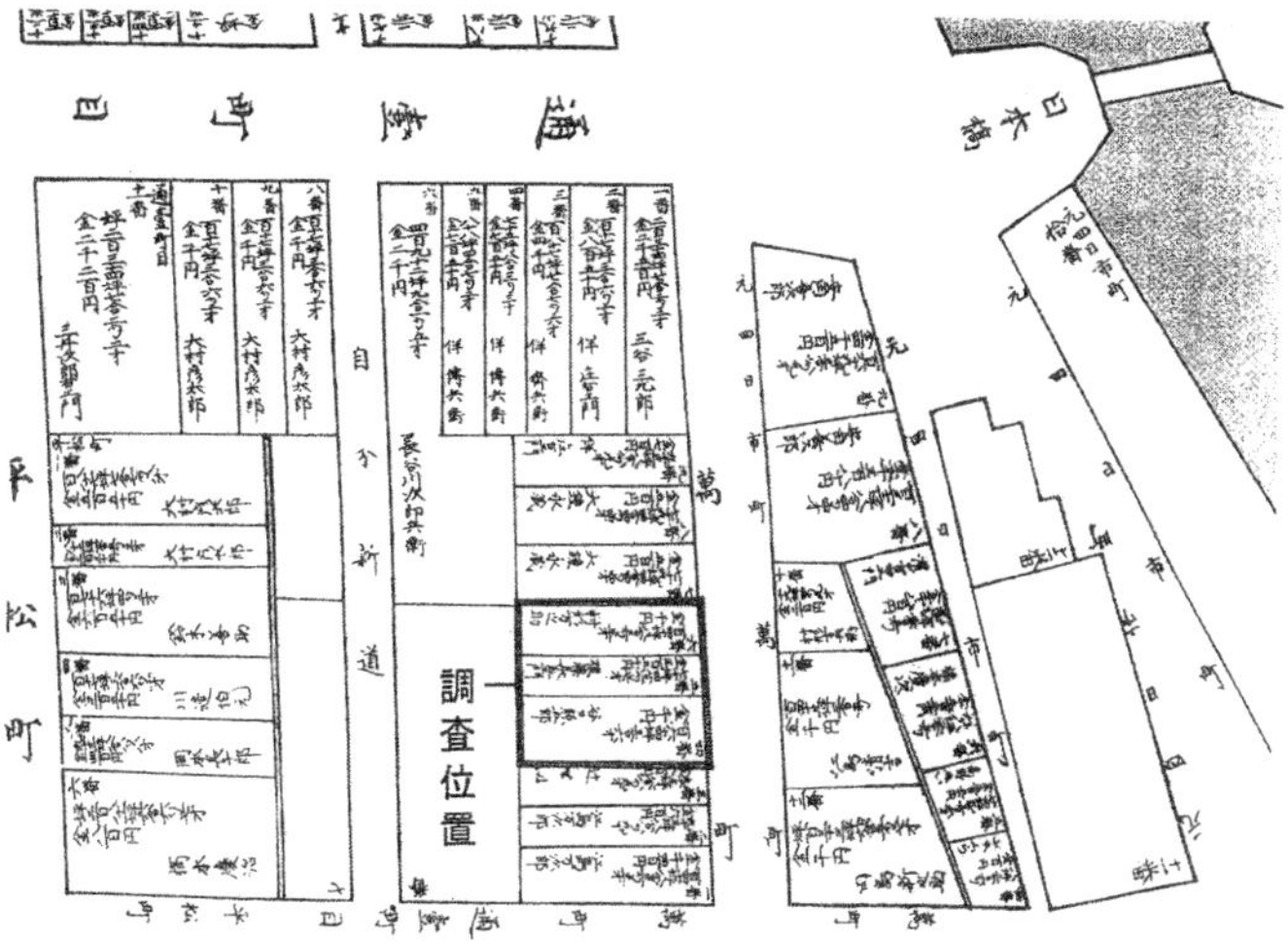

図6　日本橋明治沽券図

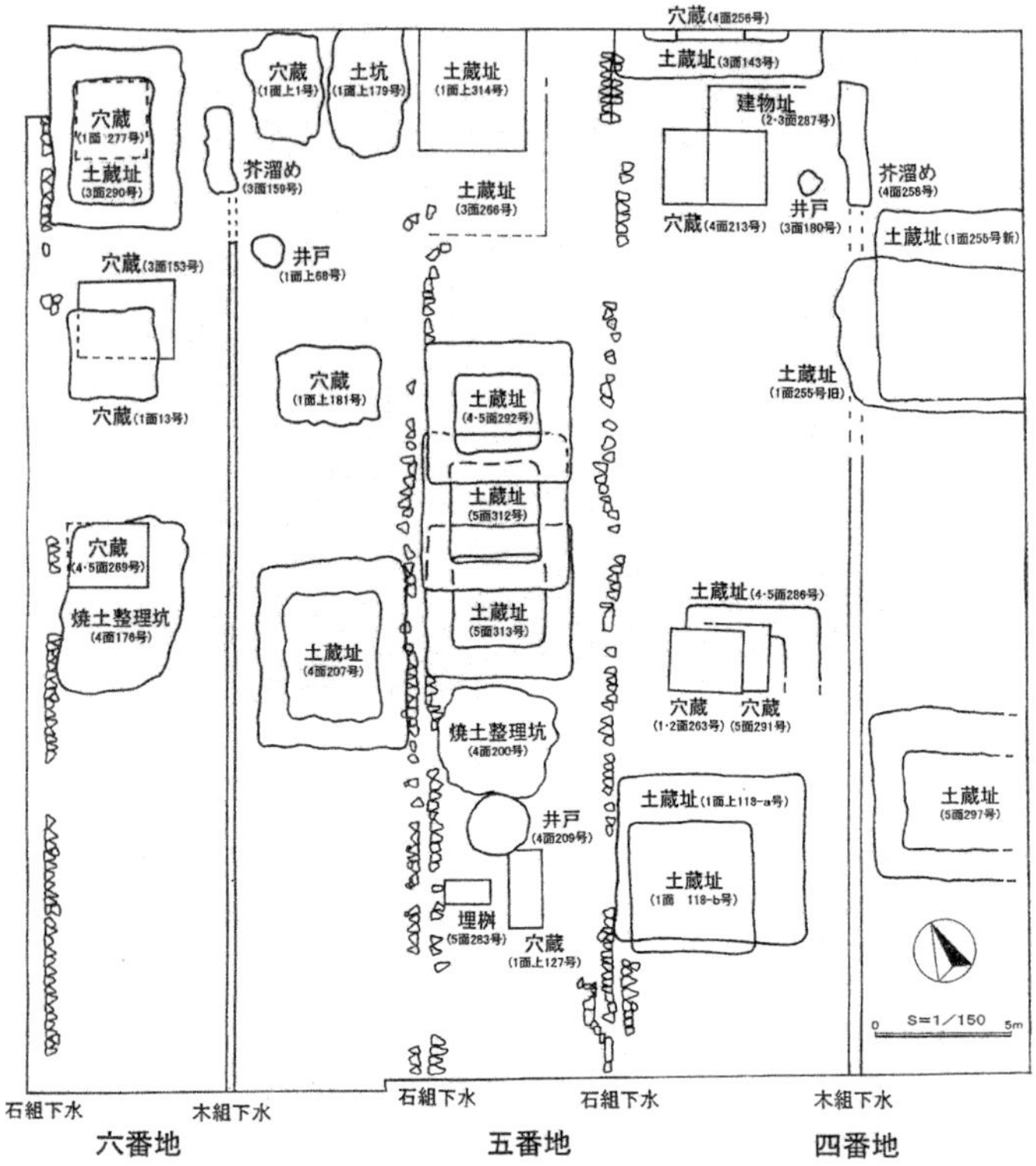

穴蔵(4面256号)
土蔵址(3面143号)
穴蔵(1面上1号)
土坑(1面上179号)
土蔵址(1面上314号)
穴蔵(1面 277号)
土蔵址(3面290号)
建物址(2･3面287号)
芥溜め(3面159号)
土蔵址(3面266号)
芥溜め(4面258号)
穴蔵(4面213号)
井戸(3面180号)
土蔵址(1面255号新)
穴蔵(3面153号)
井戸(1面上68号)
穴蔵(1面上181号)
土蔵址(4･5面292号)
土蔵址(1面255号旧)
穴蔵(1面13号)
土蔵址(5面312号)
穴蔵(4･5面269号)
焼土整理坑(4面176号)
土蔵址(4･5面286号)
土蔵址(5面313号)
土蔵址(4面207号)
穴蔵(1･2面263号)
穴蔵(5面291号)
焼土整理坑(4面200号)
土蔵址(1面上118-a号)
土蔵址(5面297号)
井戸(4面209号)
土蔵址(1面 118-b号)
埋桝(5面283号)
穴蔵(1面上127号)
S=1／150
0
5m
石組下水
木組下水
石組下水
石組下水
木組下水
六番地
五番地
四番地

図7　日本橋一丁目遺跡

図８　日本橋遺跡の穴蔵

代の白木屋などの本店屋敷地と大きな違いはなかったとみてよかろう。なお、まだ白木屋などの進出以前に、幕府がどのような町割を日本橋付近に施行したかを図5によってみることができる。本店の土蔵は大事な保管場所だったが、当時の狭い町割のなかで多くの店は地下の土蔵である穴蔵を用意した。前述の調査地ではいくつかの穴蔵が土蔵址とともに掘り出されている（図7および図8参照）。土蔵も建てる余裕のない地域では、穴蔵は貴重な場所だったのだろう。穴蔵については小沢詠美子『災害都市江戸と地下室』（歴史文化ライブラリー33、吉川弘文館、一九九八年）を参照していただきたい。

最盛期の呉服問屋江戸店

呉服問屋の特徴

江戸をめぐる状勢変化

世界でも珍しい大都市となった江戸は、その歴史的成立ちから、諸階級や各階層の需要を支える後背地を持つことが難しかった。米・雑穀や薪炭《しんたん》などは関東や太平洋側の東北地方から供給されたたし、野菜や魚・貝のような生鮮食品は江戸および周辺地域で調達できたが、将軍家・大名や高級旗本・僧侶たちの衣類は上方の技術でなければどうにもならなかった。そのほかにも長崎を経由して江戸に下ってくる薬品をはじめとする輸入品、大坂に諸国から集荷される原料を加工する技術に頼る金属製品・灯油・醤油などに代表される諸品が多数あった。木綿のように農家で織られた品も、「点と線の商品流通」の時代なら三河あたりから江戸や関東地域に入荷されたが、流通機構が整備され染《そめ》などの加工技術が仕入《しいれ》問屋たちに握られるようになると、大坂や東海地域から菱垣廻船《ひがきかいせん》で江戸に入港する組織が確立する。

江戸店《えどだな》は販売を主体とするために、これら商品をどのように仕入れるか、どの地域を販売圏にするかに苦心する。「網の商品流通」全盛の時代には、江戸の十組《とくみ》問屋傘下の各種問屋仲間と連繫する菱垣廻船や、灘《なだ》・伊丹《いたみ》の酒問屋たちを主要な顧客とする樽廻船《たるかいせん》が流通組織を把握しており、江戸店は下り商品を受取って江戸府内および周辺地域に販売した。

江戸店のお客は江戸府内にかぎられていたわけではない。「点と線の商品流通」の場合は、江戸周辺地域の豪農層や城下町商人が、江戸の荷受問屋の仲介で上方と直接結びついたが、江戸の仕入問屋たちが成長し廻船問屋とも緊密な間柄になると、諸商品は江戸の問屋が買取り、商品によれば仕上加工したり、荷運びに便利なように詰めかえて東国各地に販売されるようになる。

下りに代る地回り商品

江戸の周辺地域で江戸と経済的関連が深いところを私たちは「江戸地回《じまわ》り経済圏」と呼んでいる。幕府が設定したものではないし、どこまでがその範囲であったかも一定ではない。だいたい現在の関東地方に甲州の一部、東北地方南部を含む地域であり、江戸問屋の商業関係地をさす。

江戸地回りが注目されるようになったのは、上方商品一辺倒であった江戸住民のニーズが地回り産出の商品に目がいくようになってきたからだ。たとえば「糸物《いともの》」と呼ばれていた京都西陣を中心とする地域で織り出されていた縮緬《ちりめん》・緞子《どんす》など高級絹織物である。これらは古来からの技術を持つ京都およびその周辺の職人たちが、高機《たかばた》という特別な道具を用いて独占的に織り出していた。糸の染め方や付随した各種技術も他地域では必要とされなかったから、農民たちの織る地方絹《じかたきぬ》の加工・仕上も京都しかできなかったのである。

ところが十八世紀半ばごろから、上州桐生《きりゅう》では京都に似た織物が産出されるようになる。はじめは白い縮緬だったらしいが、その後各種の高級絹織物ができるようになり、絹糸を先染めして完成製品が地元で手に入るようになった。京都から織工が桐生に移住したなどいろいろ理由があげられているが、こうした技術の波及は桐生だけではなく、日本各地にこの時期からみられるようになることから、その理由はもっと違った視点からみる必要があると思っている。

江戸地回りが下り商品をいちばん圧倒したのは醤油《しょうゆ》である。十八世紀前半には下り醤油がほとんど江戸府民の需要にこたえていたらしいが、十九世紀に入ると九割前後が関東醤油に代り、地回りでも使われるようになった。もっとも銚子・土浦・野田など現代ともつながる醸造地が発展するのは十八世紀後半以降で、それ以外関東各地でも醤油造りがいたことや、十九世紀の新しい動きについては現在研究中だが。

二番目は関東の織物で、近代にかけて各種織物が産出され、上方を含めて各地に送り出されるように変っていく。こうした現象は現在でも痛感されるのであって、遅れていた発展途上国が急速に成長し、場合によればかつての上位国を追い抜いていくが、上方に対して地回りが成長することにより江戸問屋、ひいては江戸店がその対応を変えねばならなくなっていく事態が近世の日本国内で展開したのである。

地域の特殊性

関東の各地を歩き回った私には、この地回りの特殊性が目につく。おそらく薩摩・長州など西国大藩と大きく違っていたと思う。幕府は自己の支配を強大にするため、水戸領以外の関東各地には小大名・旗本を配置し、旗本の知行地もまとまった地域ではなくあの村に何十石、隣国他村に何十石といった形で入組み支配とした。私の歩いた地域では、一つの村に領主が何人もいたり、名主が複数という場合も少なくない。大名の領地も同様で、私が通勤していた大学の所在地龍ケ崎は仙台藩の飛地《とびち》だったし、調査に通った銚子の中心の村々は上州高崎藩の領地だった。大学院生期から調査した常州下館《しもだて》藩二万石は楠木正成《くすのきまさしげ》で有名な河内国《かわちのくに》赤坂にも領地をもち、『茨城県史』の仕事で現地に行ったことがある。

また天領《てんりょう》といわれる幕府の直轄地を日本各地に置き、年貢米の多くは大坂に運ばせ、各藩からの登《のぼ》せ米と一緒に大坂の堂島《どうじま》米市場で換金し、江戸にその貨幣を送らせた。銀貨を大坂で入手したから、それを江戸の幕府御金蔵《ごきんぞう》に金貨で納めさせるため、巨大両替商に為替《かわせ》手形を発行させた。本書では扱わないが、御為替御用を命ぜられた三井の動きをみても、三都を結ぶ両替商が大きな力を持ったことがわかる（林玲子『江戸・上方の大店と町家女性』吉川弘文館、二〇〇一年。『三井両替店』三井銀行、一九八三年）。

近代に薩摩・長州出身の人びとが政権を握ったことから、私たちは西南雄藩のあり方が江戸時代一般的だったと考えがちではないだろうか。農民は出身村々からほとんど移動することができず、産物は領主の思うままにされ、生産者・商人が領外に出荷できなかったと考えている人もあろう。しかし人びと、とくに庶民層は遠くに寺社参詣を理由に旅行できたし、女性もうるさい関所を除けば旅を楽しむことが可能だった。生産物も特殊なものを除けば全国的に流通したし、庶民の出稼ぎや奉公も一定の手続きを踏めばできた。私たちはこうした庶民層の横のつながりをもっと重視しなければなるまい。そのなかでも江戸の地回りは庶民の移動がきわめて著しい地域であり、幕府さえ「関八州取締出役《かんはっしゅうとりしまりでやく》」という特別な組織をつくらざるをえなかったのである。

仕入・販売の一貫性

流通に従事する企業では販売がうまくいかなければ破綻する。そのため江戸時代でも宣伝合戦は盛んであった。よくいわれる話だが、呉服店である三井越後屋が「現銀掛値なし」というキャッチフレーズで成功し、大店になる基礎を築いたといわれている。ただし現金売りは越後屋が始めたのではないらしいし、有利な商法ならどこの店も真似《まね》をした。もっとも今のスーパーなどのように完成品を並べて売るやり方ではなく、見本の布地を見せ、寸法を聞き京都で仕上・加工をしてもらい、客に商品を渡して暮れや盆に勘定してもらう屋敷売りが一般的な販売方法であった。当時の売掛帳を調べても、店での細かな現金売りよりは屋敷売りの方が金額が多い。

私はむしろ販売方法よりも、仕入方法が店の興亡に大きく作用したと考えている。明治期以降、江戸時代の呉服問屋がデパートに変った例が少なくない。現在でも三越や大丸は有名である。私は大学での授業で、どうして呉服問屋系のデパートが出現したかについて次のような説を述べた。

――江戸時代に問屋であると同時に小売を兼ねていたのは呉服問屋だった。そのため他の服飾品や小間物を販売し、扱い商品が多彩だった。しかしそれ以上に重要だったのは呉服問屋は問屋としての仕入機能がしっかりしていたことである。客のニーズにこたえるため、各地に直接買役《かいやく》を派遣し、仕入から販売までの一貫性に留意した。この方法を活用した大店は江戸時代を生きのび、近代にデパートに変身することができた――。

この説が妥当であるかどうかは問題だが、仕入から販売までの一貫性は、販売が大事な江戸店で常に重要な課題だった。ここでは例として呉服白木屋問屋をあげたが、他の商種の問屋も同様である。以下、江戸店の仕入と販売を史料によってみていこう。

仕入の担当は白木屋の場合、買役《かいやく》と呼ばれる中堅手代であった。ベテランでなければ、農家女性手織りの生絹《きぎぬ》を一瞥《いちべつ》して値を付けることは難しい。実際には有能な地元の買付人によって援けられたが、京都に送って仕上・加工し、江戸日本橋で販売するにあたって、責任はすべて買役にかかるのだから、気を休めることはできなかった。地方絹《じかたぎぬ》のなかで関東絹は重要な存在であり、宝暦《ほうれき》六年（一七五六）の京都和糸絹《わいときぬ》問屋の地方絹仕入高では、一四〇万疋《ぴき》中の一八万疋余、銀額は総高の三七・七％と他の七種とくらべて飛びぬけて高い地位を占めていた。

仕入の仕組み

仕入の中心地藤岡

十八世紀から十九世紀前半にかけて、関東生絹《きぎぬ》の集荷中心地は上州藤岡（群馬県藤岡市）であった。古代からの上質絹織物生産は京都を中心とする上方《かみがた》に独占されていたが、農民の絹織は生糸生産の可能だった日本各地で古くから行なわれていた。調《ちょう》の租税が古代農民に課されていたし、中世の荘園から絹や麻の織物が都の貴族たちに送られていた。

近世に入っても各地農民の絹生産はつづけられた。関東では上州から武州にかけて関東生絹と呼ばれる絹が農家の余業として織られた。織り手は女性たちだったが、流通には男性がかかわってくる。集荷のために農村のなかに点在する絹市《きぬいち》が開かれた。時代によって盛衰があったが、十八世紀後半の上州・武州には四六ヵ所の絹市《きぬいち》があり、多くは月六回開かれる六斎市《ろくさいいち》であった。

この絹市からの仕入は江戸店が担当した。もっとも仕入れた生絹は江戸へではなく、中山道経由ですべて京都へ送られる。京都で練《ねり》・染《そめ》・張《はり》といわれる仕上・加工をしなければ、各地の農民がいざり機《ばた》で織った生絹は売り物にならない。私が大学院一年次のときに上州の山奥で分けてもらった生絹は、麻と見まがうような織物だった。細い絹糸に糊《のり》をつけねば織ることはできないし、何本か生糸を合わせて織り、織り手の農家女性がそれぞれ太絹・細絹など各地の特色を出しているのであって、現在の大量生産とは異なっている。

そのため、江戸の呉服問屋は各地の絹市にベテランの店員を派遣し、集荷に懸命となったが、周辺地域と関係が深い藤岡は中山道の交通の要衝であり、武士層は農村と位置づけていたにもかかわらず、実際には町として機能していた。水戸藩を除けば関東には大藩がなく、商人が自在に歩き回れるという利点もあったのである。

絹宿の町

絹市の多くは六斎市だったが、藤岡の中心地笛木町・動堂《ゆるぎどう》町にはそれぞれ上市・下市があり、一・四・六・九の日に市が立つ十二《じゅうに》斎市《さいいち》であった。そこには各地から買付の人びとが集まり、一疋《ぴき》・二疋（一疋は二反《たん》）と織りためた農家の女性たちを含めた売人たちの持ってきた絹を買う。『藤岡町史』（一九五七年刊）によると、男が売人の場合、絹売の金を飲んだり遊んだりして使ってしまうので、女性が売りに出るほうが多かったし、旦那に絹を背負わせおかみがついてくるのもあったと、ほほえましい状況が記されている。

これら売人・買人の間に入って商談を成立させるには商人的な役割を果たす業者が必要である。藤岡には「絹宿《きぬやど》」（買宿ともいう、史料では「宿」と記している。）と呼ばれる家々があった。幕府は城下町以外は町として認めないので、藤岡は農村として扱われた。大名領地・旗本知行地だった藤岡には、名主・組頭たち村役人がいた。また中山道の宿駅《しゅくえき》でもあったから、幕府の道中奉行支配下の輸送業者である問屋も設定されていた。江戸の呉服問屋が目をつけたのは、これら村内の有力者たちである。

十八世紀に入ったころには白木屋や越後屋が藤岡に買役を派遣しているし、『藤岡町史』にのせられた文化十一年（一八一四）の史料によると、越後屋・白木屋・大丸屋・戎《えびす》屋・布袋《ほてい》屋・松坂屋はじめ江戸の豪商四〇軒が連名し、各自が金一〇両の運上を差出して鑑札《かんさつ》をもらっている。白木屋の絹宿は動堂町の問屋諸星七左衛門、越後屋の買宿は笛木町の問屋星野金左衛門、大丸屋は動堂町の名主新井喜兵衛、戎屋は笛木町で名主・本陣をつとめた星野兵四郎といったぐあいに、有力者が絹宿となり代々江戸店と緊密な連絡をとった。

この藤岡の町としてのあり方は、江戸時代長くつづいたようだ。星野兵四郎家の「取調書上帳《かきあげ》」（明治二年）によると藤岡の家数一一九四軒中、農民五五二、商人四三八と半数近くが商家である。そのほか手工業者五〇、僧侶七六、神職五、医師三と農家以外の各種業者がいた。もっとも田反別七町弱、畑反別三六三町五反弱という畑中心の村では農村としては苦しかったろう。

幕末・明治初年は絹太織生産が金一〇〇〇〇両余だったのに対し、生糸一万二〇〇〇両余、蚕種五〇〇〇両余と生産物は大きく変化しても、上州の商業中心地としての藤岡は無視できぬ存在だったのである。

白木屋の絹宿への援助

絹宿諸星家へは取引量によって口銭《こうせん》が支払われたが、それ以上に多額の貸金が白木屋からなされた。享和三年（一八〇三）には次のような趣旨の願書が諸星家から出されている。

お店様のおかげで渡世《とせい》相続ができていたのですが、類焼後引続き物入りが多くたちゆくことができなくなりました。いろいろお店からも厚く情けをかけていただき、親類一同相談のうえ父七左衛門を隠居させ、七ヵ月以前に私が家督相続をし、曲りなりにも営業をつづけられたのもお店様のご恩恵です。ところが近年不仕合《ふしあわせ》が重なりどうにもならなくなったので、お買役様まで内々お訴えしたところ、古い借金が沢山あるからそれを返してから、時節をみて新しい借金を願うようにとおっしゃいました。その後今年まで何とかやってきましたが、もうどうにもならなくなり、当春江戸出府のさいお願いしましたが、今はだめだ、ひとまず帰宅するようにとの仰せなので、お買役様が間もなくおいでになるだろうとお待ちしていました。ところが春になってもお見えにならないので、やむをえずこの度《たび》出府してお願い申し上げる次第です。どうかお慈悲をもってお聞きずみ下さい。

享和三癸亥三月十一日

一金百五拾両也　拝借　但《ただ》し五ヵ年賦

諸星家では天明四年（一七八四）に家蔵代金五〇両を白木屋から借りており、年々五両ずつ一〇年賦で返していた。関東絹を各地から買集めて諸星家の蔵にまず収め、荷造りして京都に送るわけだが、同家の蔵修復もきちんとするからと願文にある。その後寛政三年（一七九一）にも七〇〇両を借り、うち一二四両は一〇ヵ年で返し、その後は年に二〇両ずつ返却、六年後は払えなくなったので延ばしてほしいと願い、それらを含めて享和三年

(一八〇三)に新しい返金計画をたてて新借金を願い出たらしい。

その後の詳しい返金状況はわからないが、諸星家との縁はつづいているので年賦による返金はつづいたのだろう。いずれにせよ、営業以外に諸星家に対して白木屋は多大の援助をしているのであって、他の江戸店絹宿史料にも同じような例がみられることから、江戸《えど》店《だな》と絹宿は代々持ちつ持たれつの関係をつづけていたらしい。

買役の働き

上州方面は仕入の重要地として江戸店が関係したため、白木屋にも関係史料が何点か残っている。以下、近世中期から後期にかけて、「上州用記」、「永禄」、「掌」の三史料により、仕入がどのように行なわれたかを見てみよう。

○商家では仕入はきわめて大切であり、商いの成功・不成功も仕入にかかっている。買役の人びとは手透《てす》きのさいには集まって、相場の駆引や、絹市での買方の相談を日々話し合わねばならない。そうすれば自然と巧者になるのだから買役は常々の心がけが肝要である。

○金銀出入帳をよくととのえておくこと。時借《ときかり》(ちょっと借り)は前々から厳禁である。江戸との書状連絡は怠ってはならない。絹市のため各地に出かけ、川支《づか》えで遅れるときはその訳を知らせるように。市場の都合で江戸への連絡が遅延しそうになったら、前日にその訳を通達しなければならない。

○絹宿の座敷に人寄せすることはよくない。無用の人と付合うのはけしからぬことがしばしば起こるので慎むこと。ただし人を選んだり嫌うのではなく、徳ある人や手本になるような仁とつき合うのは構わないだろう。あちこちの市場先では慇懃《いんぎん》に挨拶し、問題を起こさぬよう注意しなければならない。外出のさいもきちんと断って出かけること。遊芸・勝負事は厳禁だし、おごりがましい振るまいは堅く慎むべきである。

○何事によらず関係者と相談のうえ行動しなければならない。脇から臨時事を頼んできても自分一存で取計らうことはよくないし、時によっては江戸表に通達し、その指図にしたがって取計らうこと。

場造たち

絹宿の主人は地域で重要な役儀《やくぎ》を勤めており、買役と各地の絹市に出張したり、絹荷を扱う仕事を直接担当することはできない。実際に買役とともに行動するのは「場造」（庭造と書かれることもある）たちである。「上州用記」の最初に、買役の始まったのは宝永（一七〇四～一一）ごろだったとまず書いてあり、嘉永二年（一八四九）までに五五人の名が連記されている。ただ、就役年次のわかるのは天保四年（一八三三）以降であるが、一年当たり一人の名しか記されていないので、買役は一人だったのだろうか。いずれにせよ何人かの協力者が必要だった。『藤岡町史』所収の三井越後屋

「旅買物式目」（享保六年～慶応三年）によると、同店の買役衆はもっと多かったらしい。

白木屋史料では絹宿主人一家には「様」付け、場造には「殿」付けで記していることがあり、使い走りではなく同僚とみなされる地位にあった場造もいたようだ。もちろん一人ではなく場造衆と呼ばれ、買役が絹宿諸星家につくと祝儀金を配ったらしいが、場造衆へは金一歩ずつ紙に包んで渡している。諸星主人の内宝《ないほう》（妻）へも金一歩茶代として進上しているので、場造が重視されていたことがわかる。惣女中・子供（丁稚《でっち》・小僧）に銭五〇〇文ずつ、手代若手の人たちには働き方により三〇〇文ばかり、馬指《うまさし》に五〇〇文（荷造りの世話をした）とは格違いである。その他長期藤岡に滞在するため、髪結《かみゆい》にも春に三〇〇文（後に金一歩に値上げ）、冬に五〇〇文（後に七〇〇文に値上げ）に祝儀を渡している。もっとも髪結賃は日数の多少によらず渡すようにといっているので、みなりには気を使っていたらしい。

ただし、時の移るにつれ、品物や金額が変ったようで、後期になると地方買宿の内宝へ麻手拭二つ、子供へ雪駄《せった》一足ずつ、単物《ひとえ》は相手を見て適当に、諸星家の出入場造衆には半すげきせる二本ずつとなっている。

これらの史料でいちばん記述が多いのは、葬礼・病気見舞関係である。たとえば寛政二、三年（一七九〇、九一）の「上州用記」の例をあげてみよう。

○寛政二年二月十日　渡ル瀬宿山口文左衛門様ご死去、忌中お見舞かんぴょう二把遣す
○同年三月　中嶋屋嘉七様ご老母ご死去、忌中お見舞かんぴょう二把、代銀二匁五分
○同年八月　信州上田斎藤曾右衛門様ご死去、忌中お見舞干菓子一折、代七・五匁
○同年八月　諸星七郎右衛門様七回忌ご法事、椎茸《しいたけ》一袋、代三〇匁五分
○同年九月　小鹿野宿吉田八郎衛門様ご病気お見舞、干菓子一曲《まげ》、代五匁
○同年九月　桐生佐羽様内清五郎様永々お病気お見舞、養命糖一箱遣す

これらの相手は事情の異なった人びとで、それぞれ相応の見舞品が送られたが、親しい場造となると一段丁寧《ていねい》であった。

場造の老後

長年勤務した長谷川喜右衛門が安永二年（一七七三）に隠居退役を願い出たので、新人場造与市の後見をするように、また長谷川一代は年々五両ずつ合力《ごうりき》する旨が諸星家から申渡された。なお喜右衛門はすっかり引込むわけではなく、市日や荷ごしらえのときに勤めることや、日割で月一二日ずつ雑用にたずさわることが約束されている。ところが二〇年近くたった寛政四年（一七九二）八月に死亡した。その前々年から歩くのが不自由になり、

なんとなく病気がちだったが、食事も相応にとっていたというから老衰だったのかもしれない。

買役より香奠《こうでん》として金一〇〇疋が送られ、死亡翌日に買役自身が持参した。江戸表《えどおもて》へもさっそく使いが出され、店からも金一〇〇疋が送られ、染物方からも悔み状が到来した。

喜右衛門が何歳で隠居したかわからないが、仮に五、六十歳ぐらいと考えると、現在の年金に相当する金五両が生涯保障されたうえに、跡役《あとやく》場造の後見としての地位と、気ままな仕事が割当てられたのだから、現今の保障制度よりずっと充実した老後を送ることができたように思えてならない。

絹市へ出張

藤岡では複数の町々で絹市が開かれ、上州一帯から近隣各地で多く六斎市《ろくさいいち》が行なわれた。これも年代により変遷があったらしいが、買役や場造たちは一年間の関東絹・真綿・絹糸などの仕入のため各地に出かけねばならない。はじめのころは麻嶋（縞）や細美（麻織物の一種か）も手がけていたようだが、「松井田麻嶋は河西七右衛門殿に任すように、買方がうまくなければどこかぐあいがよいところに変えてもよい。口銭《こうせん》は不用で代りに相応の進物をやるように」とか、「我妻細美」も似たような扱いで、いずれも「不用」と後に書込みされている。仕入品がだんだん統一されたのだろう。

高崎・富岡・秩父・桐生・寄居《よりい》その他各地に白木屋の買宿が設定されており、そこに宿泊して買付にあたる。絹市のあり方がどこも同じだったかはわからないが、私が見た史料によると、町の指定の場所に買方が座を占め、周りを一疋か二疋持った男女の売手が取り囲み、買手は一瞬のうちに絹の優劣を判断して値段を決めねばならない。値段に不満だったら他の買手へと去っていく。この目ききになるのには年期の入ったキャリアがなければならない。

その騒ぎのなかで、現金取引が可能だったとは思えない。「上州用記」に、絹札《きぬふだ》を毎年江戸在住中に一束ずつ拵《こしら》えておくこと、紙は八寸一五枚切、紙問屋で有名な伝馬町小津家から仕入れるようにという記述が十八世紀中葉にあることから、各地絹市で絹札が用いられていたことを知った。絹札というのは、買取った絹に対して金額を記し、販売者はそれを持って宿に控えている買役のところに持参すると、そこに記された金額が払ってもらえる一種の証券である。私は近世後期の桐生でそういうやり方があったことを以前調査で知っていたが、そんなに早い時期に絹札が用いられていたことをあらためて理解させられた。考えてみれば、一〇～二〇人以上の買方がひしめいている市で、貨幣取引は困難だったろう。現在の大量生産や現金取引とはまったく違う当時の実態にもっと迫らねばと痛感させられた。

場造の給金

場造は雇用人だったから給金が支払われた。「掌」の「場造給金定《きゅうきんさだめ》」によると、(絹) 宿抱えのつもりだから宿から曾両出したと記してある。十八世紀後半のことらしい。曾は一〇の符牒《ふちょう》らしいので、ある時点までは場造に絹宿から年一〇両の給金を出していたのだろう。ところがこの給金定の上に張紙がしてあり、そこには、このたび改正をしたので場造衆の給金は来年から一〇ヵ年は一五両にした、これは喜右衛門が前市十二斎の手伝にきているからだという註記があるので、前記の長谷川喜右衛門が隠居したころのことだろう。

「永禄」という史料は、「掌」を下敷きに文化七年（一八一〇）以降変更した箇所を書き直したもので、それによると場造の給金は二〇両の定めだが、絹宿から一〇両、店から一〇両払っており、宿抱えのつもりであるとのべているので、初期は絹宿抱えだったのが、だんだん白木屋が抱えたような形に変っていったようだ。

長谷川喜右衛門は隠退しても別格だったようで、諸星家の主人や妻、子息たちへの進物記事につづいて長谷川氏には上々干物三〇枚、半すげきせる二本と記され、次に抱場造へは宿持ち（自宅のある者）には上々干物三〇枚ずつ、宿持ちでない者には干物はいらない、その他に一五匁くらいの単物嶋《ひとえじま》（縞）と半菅きせる二本ずつとされているので、場造のなかにも階層があったらしい。ただし給金には差はなかったようだ。

一年間の農村奉公人が三両くらいの時代に、一〇両、あるいは二〇両という給金はかなりの額だが、それに見合うだけの能力が必要な仕事だったのだろう。

場造の病気

寛政八年（一七九六）の記録らしいから、襲名《しゅうめい》した息子だろうか長谷川喜右衛門という場造が、新絹買入の買役と同道して秩父絹市に出張した。武州大宮宿までは無事だったが、喜右衛門がそこで気分が悪くなり、大宮入口の相模屋という中喰屋（昼飯屋）で休み、丸薬などを飲んでいた。そこへ越後表から帰りがけの知人が立寄ったので、同行者が何かと話し中に喜右衛門の様子がしだいに悪くなり、動けぬようになった。

もう駕籠《かご》で移動することもかなわず、鍼医《はりい》を頼んで看病したが、水のような便を下し、朝からの食物は残らず吐いてしまった。非常に苦しんで目の前でやせ衰え、在所のことなどうわごとを口走るので、皆心細くなってしまった。そこで親しい山崎伊右衛門方に行き、駕籠を出してもらいそろそろと山崎まで運んだ。縁側から座敷へ駕籠ごと通ったというから、喜右衛門の苦しみようはよほどひどかったのだろう。

それから医師を呼んだり、丹弥という鍼の名医を頼んだりした。丹弥がいうには、これは命を受合うのも難しい病人だ、この足に三本針を打ってそれで知覚がないならとても手に負えないから、誰かほかに見せるようにとのことだった。ぜひお頼みしますと願い、やっと針を腹から背に打ち、それから足に打ったが最初の二本はまったく覚えがない。三本目でようよう少し反応があった。丹弥の療治をしてもその後も湯水がのどを通らず舌なら し程度だった。安元様の奇応丸（江戸医師の薬か）で少しよくなったらしい。

在郷の医師の薬では呑み合わせも危いと、一八里ある藤岡まで通し駕籠で夜がけ藤岡へ運び、すぐさま喜右衛門の家人に引渡した。その対応に支払ったのは、最初の中喰屋相模屋へ茶代として三〇〇文、そこから頼んだ鍼医に二〇〇文、丹弥に南鐐《なんりよう》一斤、その他に宿銭八〇〇文、茶代を七〇〇文、山崎家に支払ったようだ。なお長谷川喜右衛門には上州から買役が引きあげるときに二〇匁ほどの木綿一反を渡したらしい。

喜右衛門の病気は急性のものだったのか、七月晦日《みそか》の小鹿野《おがの》初市には出張しているので、療治の結果回復が著しかったのだろう。この記事をみても、場造が頼りにされ、関係者から大事にされていたことがわかる。

絹・真綿口銭

「上州用記」の最初に口銭《こうせん》が記されている。「一、口銭桃里に付、ヒ正ヒ朱」（一〇〇両につき金二歩二朱）とあるので、十八世紀前葉の絹荷の口銭水準はそのくらいらしい。なお、送り金付きならヱ里（一両）と註記されているので、送料込みだと一％になる（数字符牒については95ページ以降参照）。その他荷造り賃は六、七月は金一歩、運送料は一駄につき一〇〇文だった。ただし荷造り賃は宝暦十三年（一七六三）七月改正とあるのでそれ以前はわからない。

延享二年（一七四五）から真綿の口銭は一〇〇両につき金三歩（金一両が訂正されているのでそれ以前は一両だったかもしれない）、絹糸口銭は一〇〇両につき金一両になっている。真綿は小林庄右衛門方でととのえること、買口不勝手な場合は絹宿諸星家で用意するようにと書いている。真綿というのは絹糸にならない不用の部分を綿として用いる品で、木綿《もめん》綿《わた》が普及しない時期には防寒用として重宝されていたのである。

十八世紀後葉の史料である「掌」によると、真綿買諸入用として、担当の場造和泉屋へ金一〇〇両につき一両の給金、祝儀は金一歩となっている。祝儀は前も同じだ。ここには同人麻苧代として金一〇〇両につき金一歩ずつと併記されているので、麻は十八世紀ずっと扱っていたのだろう。なお以前にはなかった項目で、真綿積金《つみきん》一〇〇両につき金一両一歩ずつを染物方へ上納、同冥加金《みょうがきん》一〇〇両につき一両ずつ奥へ上納、同出目《でめ》（利益）金三歩割奥へ上納、合計買金一〇〇両につき三両二歩ずつ入ると書いてあるので、真綿にかんしては取引の方法が変ったらしい。

贈り物　絹宿・場造衆・地方買宿への贈り物にはきまりがあり、買役はつねに心がけておかねばならない。文化七年以降の史料によると、まず絹宿諸星家には、春に干物五〇枚、万屋（関係不明）に五〇枚、主人の妻や子息衆にも適当な進物を贈った。初秋には絹宿へ干物五〇枚、万屋に五〇枚、主人妻に京白粉《きょうおしろい》か紅猪口《べにちょく》の類を一品ずつ、子息たちには適当な品を贈るようにと配慮している。惣手代衆や子供（丁稚《でっち》、小僧）衆にも扇子を二本ずつ渡していた。

藤岡の上流の人びとにも贈り物をしたらしく、中町一〇人くらい、上宿七人、下宿一〇人くらい、笛木町二人に進物を配ったらしい。近くの高崎や富岡、信州の岩村田にも何人かの相手がいたようだ。高崎の拝島家には風呂敷と手拭類を、岩村田の川西家には金一歩までの品を見合せて贈るよう指示している。富岡上町の商家にも風呂敷か手拭を渡し、中町・瀬下の関係者への進物にはきせるを一対ずつよくすげさせて贈るように、ただし年々品を変え、人によって軽重を変えることとあり、一律ではなかった。

個人だけでなく、伊勢御初穂に年々五〇〇文、十月蛭子講《えびすこう》に金一歩を出金している。ただし白木屋の名を表に出さないように他の関係者と一緒に出金し、目録には「座敷中」とだけ記すようにと注意しているので、目立つことは避けたらしい。五節句の祝儀も同様だった。富岡への絹市出張のさい、吉井で茶代を出すにも場造衆に聞合せ、一〇〇文ぐらいやるように、多くはいけないと記しており、細かな点まで心がけている。

藤岡の祭礼には祝儀を出したが、自分の絹宿のある町でない脇町に対してはよく場造と相談し、銀七・五匁くらいの品ではどうか、ただし売宿衆がたくさんいるから相談のうえ取計らうようにと配慮を怠っていない。

買役の一年

白木屋の買役がどのような一年を送ったか、史料によって見てみよう。

○正月　五日には関係者それぞれへ年始状を出す。藤岡の絹宿関係者が正月の挨拶のため出府するので、土産物そのほか何かと世話をする。夷《えびす》講後、染物方が諸星氏や場造衆を芝居見物に招待。

○二月　役変り後、さっそく渋紙・細引・古文庫紙を調べ、舟で藤岡へ送る。買役が江戸を出立するとき、規定の土産物を準備し、着いたらすぐに与える。また、油単《ゆたん》・札板そのほか諸道具を調べる。

○三月　節句の祝儀金一歩を絹宿へ早朝与える。

○五月　節句の祝儀金一歩を絹宿へ与える。ただし買役が宿不在のときは必要なし。すべての市が終ったら、江戸表からの指図しだい帰府する。もっとも帰る前に札紙を調べ、不足なら帰店後すぐに拵《こしら》え藤岡へ送る。江戸で春の諸勘定を相違なく行なう。ただし口銭・造用は十二月の惣じまいのときに一緒に勘定する。春絹しまいは出目《でめ》（利益）勘定だけである。そのさい染物方には金一両渡すこと。これは土用干し小使い入用となる。

○六月　新絹買出しのため出立、諸星氏家族や家内の者、長谷川氏や抱場造へ規定の土産物を持参。売宿衆、各地の絹市先宿衆、諸星出入場造衆にも同断。

十五日から十九日まで藤岡動堂三町・大新町まで祭礼なので祝儀を場造に相談のうえ出す。もっとも隔年である。

○七月　十四日から盆荷造り。十九日に地入衆（輸送担当者か）に渡すこと。二十五、六日ごろから笛木町の祭礼なので祝儀花を与える。もっとも隔年。

○八月　八朔《はっさく》の祝儀を宿々へ早朝与える。

○九月　九日の節句には祝儀はいらない。

○十月　夷講《えびすこう》祝儀金一歩、諸星へ早朝与える。ただし買役不在のときは必要なし。夷講帰りは江戸表から指図があったら残り金を出入帳面と引合せて調べ、諸星に預け帰府する。中帰りだから諸勘定や土産物の用意はしない。

○十二月　市惣じまいの件は江戸表からの指図にしたがい、手回しよくしたうえ帰府する。一年中の口銭・造用・場造給金諸勘定は古来からの定めにしたがって相違なく行なう。出目金子《きんす》を納める。惣じまいのとき、染物方へ官（百か）両納めるが、これは春に上州の方たちが正月の挨拶にきたさいの芝居見物諸入用その他祝儀などに必要なためである。

この記述の後、本書に別掲した各種口銭、祝儀、場造給金や、新絹桐生初市、同秩父初市その他諸入用のリストがあげられている。この年間予定によると、二月から五月まで藤岡に滞在し、各地の春市に出張後江戸に帰り、店で春勘定をする。六月に新絹買付のため藤岡へ行き、十月の夷講のさい江戸に中帰りする以外は暮れの藤岡での惣勘定まで滞在しているので、一年の大半は上州暮らしといってよい。

江戸店の多くは上方に本店《ほんだな》があり、商品仕入は大坂から菱垣廻船《ひがきかいせん》・樽廻船《たるかいせん》を利用して海上輸送に頼っていた。しかし本書で取り上げた呉服問屋は扱い商品の性格から、陸上輸送を重要な輸送手段とした。江戸時代、陸上輸送については徳川幕府は五街道を直轄支配し、輸送を扱う飛脚《ひきゃく》問屋や各宿駅の問屋場は道中奉行の指示にしたがわねばならなかった。

飛脚問屋と絹買仲間

ここでは上州方面と京都との輸送にあたった飛脚問屋と呉服問屋との関係を史料にもとづいて見てみよう。「上州用記」に飛脚関係で最初に登場してくるのは安永二年（一七七三）の駄賃《だちん》値増《ねまし》願《ねがい》である。両飛脚屋といっているので、藤岡に支店を持つ近江屋五兵衛・島屋佐右衛門の二軒から出された願書だろう。この年に両飛脚屋の支配人が江戸の絹買仲間に出府して値上げを願ったので、一統参会のうえ、絹荷は一貫匁につき銭一〇〇文、綿は一貫目につき一三二文にしたらしい。

飛脚というと、現在の郵便のように書状を運ぶ仕事が主だったと考える人が多いかもしれないが、陸上の荷物すべてを扱う立場にあったから、宿場の問屋（輸送担当）は人馬を用意して次の宿場までの輸送すべてを取り仕切る。幕府関係の書状・荷物の駄賃については幕府の定《さだめ》があり、宿場は無賃や安い駄賃に苦しめられ、商人荷物の駄賃でこれを補っていた。荷物駄賃は飛脚屋と商人との交渉で決められたが、飛脚問屋と呼ばれるようになった大店は呉服問屋の仕事を扱っていたため、問屋たちに頭が上がらなかった。安永二年の願書は絹買仲間（江戸呉服問屋たち）一同の承認によってやっと受入れられたのである。

海上輸送との相違

安永五年（一七七六）、幕府は中山道で二割の増駄賃を触れた。これを好機に藤岡から両飛脚屋が出府し、一割増を願い出る。絹買連中は七年限定でそれを了承したが、京都への登《のぼ》せ駄賃については七ヵ年二割増を得心させられた。ただし南部染絹は二割増では引合わないのだが、近江屋五兵衛に相談のうえ増駄賃を認めたらしい。

幕府法令では七年限定であったが、再延されたらしく寛政四年（一七九二）まで二割増がつづいた。なお、天明七年（一七八七）に近江屋五兵衛に不埒《ふらち》な所業があったということで、江戸・上州とも店々が闕所《けっしょ》（家・財産すべて没収）となり、一時は嶋屋が一手に扱った。そのさい、並荷物四匁二分、仕立荷物五匁八分五厘に駄賃が改められたらしい。

ところが寛政元年（一七八九）六月から近江屋喜平次という五兵衛所縁《ゆかり》の者が上州に店を出したので、島佐と近喜の二軒が白木屋出入となった。藤岡の飛脚屋にはそのほかにも店があり、寛政元年の大丸屋との請負証文には、京都烏丸《からすま》の近江屋喜兵衛、江戸室町の京屋弥兵衛と並んで、上州藤岡の近江屋喜平次、同国高崎の喜平次代喜六、桐生の同人代伊八の五人が署名捺印しているから、上州では近江屋喜平次が各地に店を出していたらしい。なお江戸の京屋弥兵衛は甲州との輸送に深い関係があったようで、借金の肩代りを白木屋に依頼するほどであった。

京都への絹荷・真綿輸送だけでなく、桐生など各地絹市荷の駄送に携わったようで、同地からの駄賃についての交渉が近喜から白木屋にあるなど、飛脚問屋と呉服問屋は駄賃をめぐって交渉が多かった。海上では十組《とくみ》の荷主と廻船問屋との仲間間の交渉が一般的だが、陸上では個別の呉服問屋と飛脚問屋との関係が絶えなかったようだ。

京都の桟留

呉服問屋が呉服物・小間物《こまもの》その他京都産の品々や、諸国の地方絹《じかたぎぬ》を仕上・加工した各地織物を仕入れたのは当然だが、大店の多くは綿店と呼ばれる木綿・繰綿《くりわた》を扱う別店を設けた。江戸および地回りでも木綿の需要は高かったのだろう。木綿の多くは木綿問屋経由だったろうが、京都に本店・仕入店を持つ呉服問屋系綿店で直接仕入れたのが桟留《さんとめ》木綿である。

木綿自体が絹とは違い、歴史的に日本に流入したのはそれほど古くはない。大陸、とくに朝鮮から中世末に運ばれ、急速に日本全土に流通し、江戸時代に入ると農民層は古来からの各種麻織物（当時「布」と呼ばれていた）と並んで木綿が衣類原料とされた。十七世紀前半から、〝百姓は布木綿（木綿布と記されていることもある）を着すべし〟と命令されているが、正確には布か木綿というべきだろう。現代風に活字化するなら布・木綿、木綿・布とすべきだと思う。

この広く普及した木綿と異なり、京都産の桟留木綿は上質の品とみなされた。サントメという言葉はインドのコロマンデル地方の異名だという。ポルトガル語でサン-トメと呼ばれた聖トマスが布教にきた地だったという伝説がある地方で、綿織物の産地だった。ここから輸入された縞《しま》が「桟留縞」として日本各地に流通したが、京都でも同系の綿織物が産出されるようになる。十八世紀中期以降、京都の高機技術が濃尾や関東に普及したころ、桟留木綿も日本各地で織られるようになった。木綿だから支配層も禁止することはできないし、縞物だったから高級感もあったろう。綿店まで設けた江戸店で重宝された商品だったらしい。

江戸木綿問屋

寒冷地で綿作が難しかったり、不可能な地域でも、十七世紀後半には大坂や三河などから原料の繰綿《くりわた》や木綿織物が、江戸を経由して東国地域に大量に流入した。人口の大部分を占める農民が、布・木綿以外は着てはいけないと命令されたから当然だろう。ただし流通機構は後代とはまったく異なるので、ここでは取り上げないことにする。

江戸店が大きくなった十八世紀になると、関東でも木綿の生産が高まり、自給をこえて商品としての木綿流通が盛んとなってくる。もちろん十七世紀後半から多量ではないが農家副業として製織されており、東北地域や江戸に関東木綿が販売されていた。江戸で関東産木綿として古くから著名だったのが真岡《もおか》晒《さらし》木綿だった。真岡は下野国《しもつけのくに》（栃木県）の小さな村であり、木綿では珍しい晒の手法を施していた。私は『真岡市史』編纂にかかわり、初期の史料を随分求めたが、見つけることはできなかったので、江戸の木綿問屋史料などで記述するほかなかった。

江戸は東国の〝のど首〟の地域として、木綿を扱う商人たちが早くから存在していた。真岡以外からも岩槻など木綿出荷地がいくらかあったらしい。江戸木綿問屋については史料にもとづいて研究がかなりあるが、ここでは十八世紀に限定して話をすすめたい。江戸大伝馬町《おおてんまちょう》一丁目に伊勢を本拠とする木綿問屋が林立し、大伝馬町組と呼ばれる仲間を形成していたが、これらはすべて伊勢店《いせだな》だった。この組は各地から木綿荷を仕入れ、一部は染加工を施して卸売りをしていた。一般客は販売対象ではなかったが、問屋―仲買―小売という系列以外に、江戸府内や地回りの小売業者を主要な対象としたから、本書で取り上げている呉服業者とぶつかることになる。

一方、白木屋のように元禄期（一六八八〜一七〇三）から十組に参加し、呉服・小間物など上方産の商品を扱うとともに、各地の織物も手がけていた江戸店は、地方木綿《じかたもめん》を量はそれほど多くなくても販売できるはずだと主張する。十八世紀半ばにはまだ十組に加入していなかった三井越後屋を含め、大伝馬町組に加入していない呉服商たちが木綿を扱うのは違法であるという訴訟さえ起こされている。

十八世紀後半らしいが、大伝馬町組以外の呉服問屋たちは「白子組《しろこぐみ》」と呼ばれる木綿問屋仲間を結成している。白子は伊勢国白子港の名をとったもので、東海地域の江戸向け荷出港として重要視されていた。東海地域、とくに名古屋、津など濃尾地域は木綿の出荷地として伊勢国全体とともに白子組所属の江戸店に直結していたのである。

関東木綿の仕入

十八世紀後半になると、関東各地産の木綿が江戸に流入してくる。寛政期（一七八九〜一八〇〇）の大伝馬町組の史料によると、武州岩槻《ぶしゅういわつき》・久喜《くき》・松戸《まつど》・幸手《さって》・騎西《きさい》・行田《ぎょうだ》・野州真岡《やしゅうもおか》・常州下館《じょうしゅうしもだて》・下総八日市場《しもうさようかいちば》・銚子《ちょうし》・古河《こが》から関東木綿が供給されていた。量についてはわからない。

同期の白子組の「関東木綿訳合書上《わけあいかきあげ》」という史料には、関東木綿全体としては近年生産量がふえたといっているので、十八世紀後半になって出荷が盛んになったのだろう。もっとも真岡・岩槻両地は二〇年以前ではたいしてなかったらしいから、絹織物の動きと同様十八世紀後半は関東で新しい生産の高まりがみられるようになったらしい。

白子組仕入高は別表に示すように（表1）、野州真岡晒（さらし）がもっとも多く、岩槻からは白木綿と縞木綿が織出されている。なお、下総八日市場からも二〇年以前から少しずつ織出されていたが、最初は織り方がよくないためあまり売れなかった、しかし一〇年ほど前から手馴れたためか江戸でももっぱら売買するようになったとのべ、岩槻白木綿よりは伸びている。この八日市場木綿のように、ある時期登場して姿を消した織物はおそらく各地にあったのだろう。私たちは現代にまで残った産業や史料だけで跡づけようとしているため、消えてしまったものにこれまで注意しなかった傾向がある。これは明治期以降の関東各地の調査でも痛感させられた。もっとも仕入量の多かった真岡木綿は、染めもよくできるので江戸で評判がよい品であり、荷主たちが江戸に持参したときにこれからを約束し、年々多分に織出すようになったといっている。ここにあげられている白子組のメンバーはいずれも呉服問屋江戸店であり、大店として著名な家である（林玲子・谷本雅之編『白木屋文書

表1　白子組関東木綿仕入高

店名	真岡木綿	岩槻白木綿	岩槻縞木綿	八日市場縞木綿	合計
	反	反	反	反	反
柏屋 孫左衛門	14,135	1,710	4,035	6,845	26,725
大丸屋 正右衛門	23,350	1,399	660	150	25,559
越後屋 八郎兵衛	20,428	1,248	2,568	392	24,636
白木屋 彦太郎	15,950	1,988	650	720	19,308
升屋 九右衛門	11,050	70	45	0	11,165
大黒屋 吉右衛門	4,815	2,085	1,085	680	8,665
蛭子屋八郎左衛門	6,280	512	500	0	7,292
伊豆蔵屋 吉右衛門	4,674	48	813	780	6,315
亀屋 七左衛門	5,616	204	170	0	5,990
大黒屋 三郎兵衛	1,835	535	170	2,930	5,470
升屋 太兵衛	1,968	48	536	0	2,552
嶋屋市郎左衛門	2,242	142	55	0	2,439
槌屋 幸助	600	0	0	0	600
合計	112,943	9,989	11,287	12,497	146,716

（東京大学経済学部所蔵「白木屋文書」による）

諸問屋記録』るぽわ書房、二〇〇一年、販売吉川弘文館参照)。

同時期の史料で下館に遺っていたものによると、城下町下館の町役人や有力商人七、八人が買付にあたったらしい。農民が一反ずつ持ってきた生木綿《きもめん》を出来に応じて値段を付けて買取った。売人が値段が安いと思えば他の買人のところに行ってしまうし、それでもあまり安いと他の木綿市に行ってしまう。おかげで下館の市がさびれてはと考えたり、江戸での名古屋からの下り木綿の値段に準じなければと、単に下館市場だけの問題ではなく、関東内の他の木綿市や、下り木綿にまで気を配っているので値段の高下が生じるのだと言訳がましくのべている。

木綿市の状況

そして買入れた生木綿を周辺の農民に手間賃を出し、生木綿から晒木綿に仕立てさせる。場合によると一〇〇日かけて水につけたり干したりを繰り返す。この「木綿仕入方幷《ならびに》仕立方書上帳《かきあげちょう》」という史料は、トップクラスの町役人中村兵左衛門家に遺っていたもので、同家では天明期(一七八一〜八八)ごろからこの晒木綿家業を始めたらしい。その後も江戸時代から明治期まで江戸・東京の両組およびそれ以外の問屋とも取引がつづけられているが、ここに示した時期は取引量も零細である。天明七年(一七八七)〜寛政五年(一七九三)の江戸との取引関係史料によると、白子組よりは大伝馬町組のほうが人数・数量と

表2　下館町晒木綿買送り荷主木綿買高（寛政2年）

	種類	荒川屋藤七	板屋勘兵衛	中尾屋弥兵衛	中村兵左衛門	吉永屋庄兵衛	中尾屋万右衛門	谷嶋屋治右衛門	合計
		反	反	反	反	反	反	反	反
3月2日市	飛切			4	1				5
	上	22	10	16	12	18	12	9	99
	中	26	24	12	29	30	12	23	156
	下	15	13		8	7	2	19	64
	計	63	47	32	50	55	26	51	324
3月5日市	飛切	3	2	1					6
	上	10	16	15			8		49
	中	14	12	8			19		53
	下	7	15	1			3		26
	計	34	45	25			30		134
3月7日市	飛切	6	1		3				10
	上	23	11	22	14		29		99
	中	31	26	13	17		6		93
	下	10	13		14		5		42
	計	70	51	35	48		40		244
3月10日市	飛切	12	3	7	1	3			26
	上	25	11	8	12	17			73
	中	18	24	13	7	19			81
	下	5		2	1	5			13
	計	60	38	30	21	44			193
3月12日市	飛切				1	1			2
	上	4	8	24	5	16			57
	中	10	15	3	13	9			50
	下	6	2	4	3	7			22
	計	20	25	31	22	33			131
合計	飛切	21	6	12	6	4			49
	上	84	56	85	43	51	49	9	377
	中	99	101	49	66	58	37	23	433
	下	43	43	7	26	19	10	19	167
	計	247	206	153	141	132	96	51	1,026

（下館「中村兵左衛門家所蔵史料」による）

も多いので、総量では後者が優位を占めていた可能性が高い。ただし、この期には両組以外とも各地荷主は自由に取引できたから、江戸のその他の商人にも出荷していた。

これまであげてきた農家余業の絹・木綿の仕入をみると、上州地域のように江戸店が主体となったところと、地方から売込み商人が出府する地域とがあるが、いずれにせよ江戸店が販売のため仕入に大きな配慮を払っていたことがわかる。

販売の方法と掛取りの旅

販売先史料

大店《おおだな》呉服系江戸店《えどだな》の販売先はどの地域を主体としただろうか。いちばんよく実態を反映しているのは、各店の売掛帳《うりかけちょう》である。現在の商法と違うから、勘定は現金取引より掛売りが主流であり、決済も単品当たりではなく、たとえば年間三八両二歩一朱と銀八匁七分の売り上げがあった場合、決済は話合いで三〇両だけ受取り、残りは翌年回しとする。すると残りは売掛帳に残金として書き留められる。この帳面は店にとって重要な品であり、なかには決済期に勘定が払えず年々同じ数字が並ぶことが少なくない。これは江戸にかぎらずどこの商家でも同様で、店の経営状況を知るには最適の史料である。

私は各地の商家で売掛帳に類する史料にぶつかったが、あまり数量が多いことと、屋号・名前・金額が列記されているだけで、どこの地域の取引先かわからないのに閉口した。だいたいの経営動向はわかっても、顧客の地名がはっきりしないのと、どういう商品が売れなくなったか分析することができない場合が多い。当時はそれらも書いた帳面があったかもしれないが、貴重品だった紙はいろいろな用途があったから、最終的なものだけ残して処分された可能性もある。

そのため本書では、筆者が符牒《ふちょう》が読める白木屋の史料にたよることにした。また、同店の最盛期時代における各種取引先との関係史料も数多くあり、最後に記したように近々史料集として刊行を予定しているので、他店にも興味深い販売関係史料があるが、本書では白木屋に焦点をしぼりたい。

白木屋の顧客

白木屋は江戸府内の顧客を相手にするだけでなく、水戸方・銚子方・上州方・甲州方・相州方の五地方に分け、「田舎方《いなかがた》」と呼ばれる担当手代を定め、各地方別に顧客との緊密な関係を結ぶことに努力した。この五地方制がいつごろから確立したかはわからないが、十八世紀にはできていたことが関連史料から読みとれる。「残懸控」によれば、江戸府内では本郷・山ノ手・浅草・麻布方の四地域に二〜五人の手代が担当として当てられていたらしい。この史料の残掛け相手はすべて町人だったらしく、三、四十名前後の名が金額とともに記されている。最初の部分に南北・田舎之部と題した短い記述があり、江戸の周辺は南北に分けられていたのかもしれない。同じ店内・名前で数件の売掛金額が記されているのが府内にはみられる。他史料で武家方に売込んでいたことがわかっているが、それがこの史料とどう関係しているかはわからない。いずれにせよ、払いの悪い武家はあまり有難い取引先ではなかったようである。

田舎役のおかれた五地方には、担当手代が四〜六名、売掛先の記述には二〇〜四〇名前後の名が並ぶ。「面の商品流通」の時代で商売の苦しかった白木屋の状況を反映してか焦げつきが多いようだ。最盛期の十八世紀の状況はこの史料では不明だが、他店の史料によれば十九世紀に入ったころから不良債権がかさみ、幕末期に苦しんでいる江戸店が少くなかったらしい。

規　矩

元文五年（一七四〇）の日本橋店「規矩《きく》」は、最盛期に入った白木屋でも、売掛主体の商法のなかで、考えなければならない事態に懸命に対処している様子をよく示している。以下この史料によって当時の事情を探ってみよう。

最初に、近年売掛高がおびただしくなり、こんなにかさんではどうにもならない、相談のうえ、先年のとおり貸高の最高を取決めて帳面に記し、新しく担当手代をつけ時々手形帳と引合せ、なんとか残掛けを減らしたいと願っている、とのべている。付けたりとして、最近は心得違いの人びとが多くなり、恥《はじ》・外聞《がいぶん》もかえりみず、工夫すればなんとか持ちこたえるのに、洗濯（史料には「せんだく」とかなが振ってあった。上方《かみがた》ではそう読んだのかもしれない）というごまかしを考えて分散（破産）を計ったり、不相応にたくさんの買込みをして長期の年賦払いにしたいと願う者がいる、もし貸方が承知しなければ破綻してもかまわないという覚悟《かくご》で、前々からごまかしをたくらんでいる人びともいるということだ、だから油断していると大きな損害を受けることになるので、われわれもそれに対応して工夫が大切だといっている。

最近、日本でもマネーロンダリングと称して、問題のある資金を他の機関に一時預け、きれいになったお金として受入れる西欧のやり方が話題になっている。ロンダリングは先滌・洗濯を意味する言葉らしいから、十八世紀ごろの日本で〝洗濯〟という表現がごまかしの破産をして資産を隠すことに使われたり、取込み詐欺《さぎ》のやり方が横行していたのを知り、商業の世界では洋の東西や時代のへだたりはあっても同じような事態が起こっていたのを痛感した。ただし、この時点の江戸店では、対応の仕方では切り抜けられたようで、

「規矩」が作成されたのも一定の意義が認められたからだろう。

以下、「規矩」によって、当時の店員の心がけをみてみよう。

店員の心がけ

得意の方たちは大小に限らず、馴染《なじみ》のない人はもちろん数年の得意であっても、時により心変りするのだから、かねがね油断は禁物である。間違いが起こって思いもかけない損をすることがあるし、数年も懇意《こんい》だった先とうまくいかなくなるのも、結局はこちらの油断とぞんざいなやり方から起こるのだから、誰でも油断はしてはならない。

とまず店員側の心がけを注意したうえで、

ただし、そういう心がけでは、先方を疑う方がよいといっているように思うかもしれないがそうではない。万一間違いが起こって、あとで振返ってみると、こちらの考えが足らなかったことが多いので、このように書いておくのである。多少にかかわらず得意の方たちが買ってくれるのは有難いことだから、お互いに信をもってつき合い、いつまでも変らぬ懇意の仲となるように心がけねばならない。

と最後に念を押している。

そのためには、「掛売りの品であれ、店に並べておく品であれ、もし先方で間違いのようなことがあったなら、すぐ上司に知らせなければならない、報告が遅くなったため取返しがつかないこともあるのだから、遠慮なく申し出るように」と注意している。こっそり下の方で処理していたため、表沙汰になったときどうにも手のつけようがなくなった場合もあるのだろう。

きちんとしなければならないのは、「①内外手形帳印形改め、②掛高分限帳改めであり、二月中旬・五月中旬・八月中旬・十月中旬の四回に調べ、印形がないときは厳しく申し渡さねばいけない。分限帳は手形帳と掛け高を引きくらべ見なければいけないし、掛け高が分限帳と合っていても、常々内揚金（内払金か）がないときは催促することが必要だ」とのべているので、帳面をめぐって不正があったのかもしれない。

事なかれ主義　新しく掛商いをしたいという人がいた場合は、掛方の上司に相談のうえ販売することになるが、そのさい最初に断っておくこととしては、次のことをあげている。

一、販売高のおおよその上限を決めておく。
一、帳面に印形を押すこと。
一、年二回の決算時に勘定を全部すますこと。

一、二季に万一差引残りがあるときには、それが決済されないうちは少しの物であっても渡さない。

右のことをよくよく約束のうえ、取引を始めるが、もしこの四ヵ条のうち不得心の件があったら掛商いはしない。

こうした契約を結んでも、新得意衆に差引残りができたらどうするか。決済されるまでは売物は一切渡してはならないといっているが、一季に滞ってその後決済しても次の決算期に近いときまた滞るようなら、もう先方の様子も見えたのだから販売を用心すべきだと、客の支払い方にも心を配っている。また、馴染《なじみ》になっていない者が決算のとき、少しの払残りである端銭が出ることがあるが、その分もきっちりもらって皆済《かいさい》にするように、と注意している。

たとえば銀一五三匁七分八厘という払いに、一五〇匁だけ払って残り三匁七分八厘を次季に残すというやり方は、旧来の得意なら当然だったが、新得意衆は認めない、といっている。

ともかく新しい取引先には手を出さない方針で、少しでも「心にくき」ことがあったら、たとえ売り逃しても仕方がないから無用にしろという方針では、新規に販売先を拡げることはできない。大きな商売は誰でもしたいが、利得ばかり考えていたら大損もするから気をつけよといわれては、事なかれ主義の手代なら手を引くことが多かったであろう。

独身者はダメ

「見たところは景気がよいようにみえても、亭主の気質がすっかりわかるまでは取引はしない方がよい。このごろは心底第一の時季だから、たとえ数年の得意であっても心柄（気だて、性質）のわからない人との取引は禁止だ」と、見かけよりは人柄を問題にしている。そのため、「手《て》慰《なぐさみ》（ばくちなどか）をする人や山師など、どうかと思われる人とは取引してはならない。どうしても仕方がないわけがあるときには重役と相談するように。ただし商売はしても貸し高を多くしてはならない」と警戒的である。

「しっかりした人物であっても、家内に厄介事が多く、商いもはかばかしくなくて、年二回の決算期にだんだん残掛けがふえるような人と取引をつづけるのは考えものだ」と、主人だけではなく家全体にも目を配らねばならないとしている。だから、「実体《じってい》（実直）な人であっても妻子《さいし》もいない独り者は、万事につけ頼み少ないので貸高を多くするのは無用である」と、独身者にも警戒の目を向けている。

では江戸府内では、どういう人びとが危ながられたか。

武家方・せり売商人衆、または吉原・堺町など「売先キ悪しき」商人衆は、新規に取引する相手ではないとしているので、旧来から信用ある家とは取引をしていたのだろう。武家はどんなに大身でも払いが悪ければかえって損害が大きかったことが、他の江戸店史料にもよくみられる。白木屋も初期には浅草のせり売商人を通じて呉服物・小間物類を販売していたらしいが、十八世紀には得意衆と呼ばれる店を構えた小売商人を相手にするようになっていた。

旧来得意衆への対応

「旧来の得意は、売掛高上限が『分限帳』に記してあるので、その額を守らせなければならない。ただし得意衆の盛衰により、貸高の過不足ができることもあるから、毎年春勘定の後に相談のうえ分限を改めること。売掛帳面に印形をとること。近年は幕府で印形吟味が厳しくなったので、古来から手形帳に印形をとっていたがきちんと対応すること。」

数年来間違いなく懇意に取引した相手が、だんだん不仕合せになり難儀することも当然あるだろう。そういう人は以前からどこにかぎらず相手の様子をみて、少しの損金なら取引をつづけたこともあった。「こうしたやり方は代々の家風だから、その場合には上司とよく相談するように」と、新規とは違って旧来の得意には好意的だが、油断していたわけではない。次のような注意事項も述べられている。

「古掛けがある人が新規に名を変えた場合、売物を遣わすことは無用、どうしても仕方がないわけがあるときは、上司に断り指図次第にすること。売ることを留めていた古掛けは常々目をかけ、よく催促するように、田舎筋には折々手紙で催促しなければならない。

季々に勘定はすんでいる人びとであっても、大金を一度に不相応に手に入れる人があったら、その金がどうして入手できたか確めなければならない。売先が危いところに多くの売掛をつくったり、または臨時の借金をしてやりくりしている人びとへ、たくさんの貸金をするのは危険だから油断してはいけない。」

何か現代でもありそうな落し穴が、そのころにもあったことを思わせる諸注意である。

新規への注意　白木屋の名にひかれて新規の取引を願う人びとが増してくる。ただしまったく関係のなかった先ではないので、その対応を考えなければならない。とくに地方ではそうだった。

○地田舎とも得意方の兄弟衆や手代衆が自立し、白木屋との取引を希望した場合、その当人だけと取決めて商売してはいけない。本家から頼まれ、当人の気立てもよくわかっているときは、掛方役人へ相談のうえ売ってもよいが、帳面には両判（本家と当人）を取ること。ただし、数年馴染のうえ、本家の印形は除外してもよくなったときは上司と相談したうえ除けること。
○地田舎とも本人は慥《たし》かであるとみなされた人も、年数が長い馴染になる前に掛高を多く貸すことは堅《かた》く禁止とする。
○いろいろ相談のうえ、新規に掛け商いをする人に、口入《くちいれ》請負人（紹介の保証人）がいたら、分限帳にはっきりと記しておかねばならない。
○北見世（日本橋店には南見世・北見世と二つ売場があったらしい）は卸《おろし》ではなく一般の素人《しろうと》衆が購買するところだから、帳面に印形をとるにしても「留利帳」というのではなくふつうの通帳になる。これは分限を定めることのできない帳面で、常々帳場で吟味が必要だが、新規に通帳をつくるさいには帳場役人・掛方役人が相談のうえでなければならないし、五節句の勘定は堅く約束させねばならない。
○得意先の亭主が死亡したときは油断してはいけない。亭主が生きていたときは大分の勘定も相応に払っていたのに、死後実子でも養子でも、相続人が親の家をついだなら問題はないが、大がかりに商売し駄目になった族《やから》をこれまで数多く見聞しているので、死後二、三年はとくに用心しなければいけない。

○地田舎とも為替そのほか手形（証文）にし、請人（保証人）を立て取引するときは、買主と請人の両人から判をとらねばならない。

最後の手段

いろいろと注意しても、焦《こ》げつきは簡単に収まらない。とくに白木屋にとって大事にされたらしい「見世物帳面」を持っている得意には、細心の注意を払ったようだ。「店を構えている商人衆や、素人衆と呼ばれる購入客ともに払いがたまっている場合にはまず催促し、それでもだめなら渡してあった品物は取寄せて帳面を消し、そのあと必要なら付け替えるように、どんなにのびても二〇日までを限度とする。もっとも帳面にのせてある品物を取りにきたとき、通帳か世利帳を持参しなかったら売物を渡してはならない。素人衆などは印形もない手紙や書付でもって売物を取りにくることがあるので、その節は手蹟《しゅせき》そのほかよく気をつけて品物を渡すこと。金額が多い品は使いには持たせず、こちらから相手に直接届けるように」。

これらの注意をみると、きちんとした証拠を持たずに見知らぬ使いがやってきて、高価な売物を渡してほしいという詐欺《さぎ》めいた手法もあったようだ。たしかなやり方でも焦げついてどうにもならなくなると、もう帳面をたよりに催促を繰返しても取立てることはできないし、訴訟沙汰にもならない。そこで請人にお鉢が回るが多くはだめだった。

最後に不良債権額全部が年賦証文に切り換えられる。一度に払えるはずがないから、一〇年くらいの分割で支払う旨が証文に記される。そのさいどういうわけでこういう証文をつくったか、その理由を手形帳に細かく記し、年賦金をきちんと払ってもらうよう油断なく催促することが注意されている。証文があれば奉行所や評定所《ひょうじょうしょ》に訴訟はできたが、採り上げられず和解に持ちこむようになったり、公的に金銀「出入」(訴訟)が受付けられないときさえあった。

田舎客のいろいろ

五地方担当の手代たちは「田舎役」と呼ばれ、中堅以上の重要な役職の一つだったらしい。文政八年(一八二五)に日本橋店はそれまでの田舎役定法を時の変化に応じて新しくまとめなおした。集会のおりに一同に披露するにも、数巻ともなってはやりにくいというから、それまで書足しや書直しがしばしばあったようだ。ただし基本的な方針は変っていないと思われるので、白木屋全盛期の田舎役定法とみてよいだろう。

旅に出るまでは店内に常駐し、担当地の客との連絡をとるのが役目だから、府内や店売の手代たちと立場や仕事内容が違う。定法のなかに、田舎役の役場は大切なところであり、役柄が重く見えるよう勤めること、しかし身分の高ぶりがでるのはまずい、分限を忘れぬようにといった文言があるのは、地方担当だからといって威張りかえった姿がみえるようである。ただし、それぞれ忙しい他の掛りから見ると、暇にみえるのか他の役場の人たちが田舎役の定められた居場所にやってきて、無益の話をしかけてもなんとなく場をはずすように、仲間の仕事ぶりが悪いといっているわけではないにしても、噂話にふけることがあったら如才《じょさい》なくふるまうことという注意をみても、役柄の相違がわかる。

担当地域のひいき客が来店したときは、田舎役の重要な出番である。お得意がみえたらすぐに出迎え、ご案内してお茶や煙草盆を供し、惣がかりで商売に励まねばならない。お客により多少の差別があるのは仕方ないという但《ただ》し書からみて、最上得意はどういう扱いだったのだろうか。客を二階にあげ、酒を出すことがあったらしいが、あまり長座にならないようにすること、夜になっても五ツ半（おおよそ午後九時くらい）には返すように、とか、二階での酒の席は二人きりにすることなどが注意されている。また二階で飲みすぎて動けなくなった客がいても、原則として宿泊は禁止だった。どうにもならないときは頭《かしら》役《やく》を通じて支配役に願い出るようにといっている。客が二階で夜に碁・将棋をすることは無用と注意しているのは、そういう人びとがいたことを示しているといえよう。なお、得意のなかで四人名前をあげ、この方たちは前々から宿泊していた人たちだから特別だとのべているので、得意に対する親疎は種々あったらしい。

店内の仕事

田舎役であっても江戸にいる間は店内の仕事が決められていた。店内では決められた場所にきちんと詰めていなければならないし、食事の場合も二人はそこに残っている必要がある。地方への出荷荷物を造るため、蔵に行く場合も誰か残っているように注意しなければならない。また毎月十四日と晦日の晩、勘定番の仕事があるが、田舎役の人も必ず勤めることとされていた。夷講《えびすこう》・日待《ひまち》・山王祭《さんのうまつり》のような白木屋全体の行事が惣掛りであれば、田舎役であっても他の部署同様に働かねばならない日があった。

田舎役独自の仕事として、担当地域への荷物造りや書状による連絡は欠かすことはできない。誂物《あつらえもの》の入っている入れ物や紙包などをときどき調査しておくことや、大蔵前で荷物を造ったり、いろいろな品物を置いてはいけない、仕方ない場合でも三、四日中に片付けるようにという注意が記されており、府内・店内用の商品が入っていたらしい大蔵の前で、地方向けの荷造りは遠慮すべきだったのだろう。正月二十日ごろ藤岡衆（絹宿の人びとか）が出府したときには、上州への土産物そのほか、よく世話をするようにとある。

掛取りに出かけても残印のつく払ってもらえない得意には、催促の書状を油断なく発送しなければならなかったし、盆時期の相場状は五月中に書いておくこと、正月分は十一月二日〜十五日ごろに用意するよう注意されている。向うから注文されていない商品は送ってはならないし、ところどころに品物を囲っておくことは無用といっているので、預けておいて買ってもらおうと考えた田舎役がいたのかもしれない。客の方から届金をする者がいたようで、その場合は封金で受取ること、暮れは元日、盆は十五日に届けてもらうようにといっておくよう注意している。掛取りの旅に出るときや残掛け取立てについてもくどくどのべているが、ほかと重複するのでここでは取り上げない。

掛取りの旅

「地田舎方」と呼ばれた五地方の販売客には、江戸府内のように年に何回も清算勘定をさせることは難しい。農村地域を販売圏としている地方の小売商人や、農村の上層農民が顧客の主体であるから、農産物の収穫時期でなければ現金の回収は困難だった。暮れと盆は二大節季であり、白木屋の五地方に向けて、いっせいに田舎役が掛取りの旅に出立する。現在の日本でも行なわれている歳暮・中元のやりとりがなされていたので、そのための品々を持参した台所役の下男が同行したらしい。ただし江戸府内や周辺の通帳による取り立てが忙しいので、一人ぐらいしか同行者下男はいなかったようだ。

五地方でどのような掛取りの旅をしたかを示す、天保期（一八三〇〜四四）以降の「道《どう》法覚《ほうおぼえ》」が上州方にだけ残っている。

一、朝夕三峯山《みつみねさん》信心のこと

一、御得意様方への挨拶《あいさつ》は丁寧《ていねい》にすること

附タリ、御得意の善悪は内聞《ないぶん》にしなければならない

と記されているので、得意先でつい口をすべらせ他の客の噂話をして、問題になった田舎役がいたのかもしれない。

出発は天保六年（一八三五）六月より、六月は大の月であれ小の月であれ二十九日、暮れは十二月十五日と定められた。他の四地方も同様だろう。旅には路用が必要だが、上州方は「細里」であった。白木屋の〇・五ずつの数字符牒で、細は四〇・〇であり、里は両を意味するので、四〇両で定められたコースを回らねばならない。出立前日に帳場に願い出て受取れることになっていた。

旅の日程

「道法覚」には休茶屋や泊り場所についても記述されている。たとえば板橋から蕨《わらび》に至る間には戸田川越えをしなければならないが、休茶屋伊勢屋では茶代を二〇〇文、買物をしたら一〇〇文増しだった。蕨では立寄先はないが、昼飯を

泉屋でとることになっていた。ただ休むだけなら茶代は一〇〇文である。茶代はだいたい一〇〇文だったようだ。

宿泊の最初は鴻巣《こうのす》である。顧客が多かったからだろう。二日目は熊谷だ。立寄軒数は四軒とそう多くはないが、次の小川（現、埼玉県比企郡小川町）までや秩父は距離もあるので、それぞれ一宿している。その後は五宿目本庄、六宿目藤岡、七宿目前橋、八宿目桐生、九宿目館林とどこも一泊だけだったが、佐野天明《てんみょう》では立寄軒数が多いこともあろうが四泊もしている。天保期の佐野天明にもっと注目しなければいけない数字である。その後は一四泊目栗橋をへて千住を通り、日本橋店に至るので、十二月十六日の鴻巣泊りから二十九日の栗橋泊りと一六日ばかりの旅で暮れの掛取りの旅は終る。盆は七月一日鴻巣泊り、十四日に栗橋泊りと、同じ日程だった。

掛取りの旅であるから、現金を受取って回り、たとえ下男はついていても冷や冷やものだったろう。人通りの多い本街道はともかく、秩父に行くときには用心したらしく、熊谷の原口金右衛門宅に泊ったとき、秩父への旅費入用分だけ手元におき、残りは封印した包みにして本庄宿の泊り先である森田弥三郎方へ、手紙をつけて送り預ってもらうよう頼むことが注意されている。なお、中田には川番所があり、幕府役人の改めがあるが、日暮になると番所が閉ってしまうので手回しよくやるようにとあるなど、気をつかうことの多い旅だった。

天保期には残掛けが完済されない店が出はじめており、「残印」と注記されている場合がしばしばみられる。そういう家には歳暮や中元は贈られていない。

旅の道順

上州方は現在の埼玉県から群馬県を回り、栃木南部を通って江戸へ戻る。表3に示したように、板橋・蕨・浦和・大宮・上尾・桶川を通るが、立寄る顧客は桶川が最初で一軒しかない。次の鴻巣では八軒の立寄先があり、総計九四軒の顧客のなかで二番目の大きなグループを形成している。北上して行田《ぎょうだ》・熊谷・小川から南方に折れ、秩父に足を伸ばし八幡山によってから本庄に戻り、仕入の中心地である藤岡で七軒に立寄る。そのなかには他の呉服問屋の買宿が含まれているが、つぶれた取引先もあったようで、跡式《あとしき》（相続する財産）がなくなった桝屋源助の残掛けが年賦になっているのを、桝屋源右衛門から必ず受取るようにと添え書がある。仕入と販売は別々に動いていたらしく、藤岡だからといって特別なつながりはみられない。そこから近くの城下町高崎に向かう。ここにも七軒の立寄先があるが、いずれも商人だったかどうか名前からはわからない。ただいずれも「殿」付きなので武家ではないだろう。前橋の立寄先は一軒、伊勢崎は三軒

表3　白木屋の上州方面掛取道順
(天保期)

	地名	立寄軒数	宿泊指定月日 7月	宿泊指定月日 12月
			日	日
1	江戸			
2	板橋			
3	蕨			
4	浦和			
5	大宮			
6	上尾			
7	桶川	1		
8	鴻巣	8	1	16
9	行田	3		
10	熊谷	4	2	17
11	小川	6	3	18
12	秩父大宮	7	4	19
13	八幡山			
14	本庄	6	5	20
15	数西	1		
16	藤岡	7	6	21
17	玉邑	1		
18	高崎	7		
19	前橋	1	7	23
20	伊勢崎	3		
21	桐生	3	8	24
22	足利	2		
23	館林	3	9	25
24	佐野 馬門川岸	2		
25	佐野天明	9	10〜13	26〜28
26	中井川	1		
27	戸那良	2		
28	犬伏	1		
29	古河	7		
30	中田			
31	栗橋		14	29
32	幸手	4		
33	杉戸			
34	粕壁	3		
35	越ヶ谷	2		
36	草加			
37	千住			
38	日本橋			
	合計	94		

(東京大学経済学部所蔵「白木屋文書」による)

と多くはないので、これらの町の繁栄は近代以降かもしれない。

関東での桐生絹織物産業が京都に負けない状態になるのは、十八世紀後半以降で、天保期にはかなり上昇期だったはずだが、立寄軒数は三軒である。そのなかには豪商として著名となった佐羽《さば》家が含まれていた。桐生に近い足利《あしかが》は絹綿交織《こうしょく》や木綿を高機《たかばた》で織り出し、やがて桐生を追いこすほどの織物町に成長したところだが、白木屋は足利・館林・佐野馬門川岸《まかどかし》には重点をおかず、佐野天明で九軒という最高立寄軒数を示す。その後は古河七軒、幸手《さって》四軒が多いほうで、粕壁《かすかべ》、越ヶ谷をへて日本橋へ帰りついた。

持参物

半月ほどの長旅に、田舎役はどのような物をかついでいたのだろう。受取った貨幣も大事に運ばねばならないし、雨や風に悩まされたり、諸種の書類・帳面も必要だったと思われる。「道法覚」の最後には「持参物」と題し、彼らの持ち物が記されている。

まず書き物については、手形帳、書出し、雑文帳の三点があげられ、最初に書かれている「三峯山」の御札だろうか、旅のお守り札が第一番目に記されている。

掛取りの旅だから、手形帳やそれを整理した書出しが必要なのは当然だが、同時に筆記用具を持たねばならない。筆立ては便利で字を書く人びとは当時皆持参していたが、商人だから算盤《そろばん》を持っていた。金銀銭の三貨しか扱わないこの世界は算盤は必需品である。

書類を取替えたり、物を包んで渡すなど、紙が必要だったが、そのためか半紙・巻紙・金包紙と三種の紙を用意している。なお使うことが多い印判（判子《はんこ》）は当然携帯している。今でも日本社会は判子行政といってもよい状態だが、江戸時代も印形《いんぎょう》なしでは証文は効果なかった。この帳面は「東都　大村佐右衛門」の手によるものなので、たぶん証文類には白木屋佐右衛門と記名した下に佐右衛門の判がおされたのだろう。

脇差《わきざし》は庶民も所持できたので、持参品のなかに含まれている。農村の宗門人別帳《しゅうもんにんべつちょう》で一軒ごとに脇差所持の有無を記してあるのを見たことがあるが、旅には持って行く者が少なくなかったのだろう。それ以外に蠟燭《ろうそく》、提灯《ちょうちん》、付木《つけぎ》を持参しているのは、夜道や早朝に歩行をしなければならなかったからと考えられる。煙草・進上物も持っていたらしい。

歳暮・中元

現代でも歳暮・中元の売上高がデパートや贈り物を扱う店の命運を左右する状況だが、江戸時代でも歳暮・中元は商家にとって重要視された。掛取りの旅に店の宣伝をかねた贈り物を配るのも田舎役の役目である。ただし輸送手段は下男の背しかない。軽くてかさばらず、実用的な品でなければ長道中は無理だ。

江戸時代、武士社会を含めて贈答にもっぱら使われた物は扇子《せんす》である。現在の私でも浅草寺史料に関係しているため、扇子と団扇《うちわ》を毎年贈ってもらっているが、江戸時代京都の扇子が上等品とされ、呉服店・木綿店では京都から送ってもらって贈り物に使っていた。「道法覚」によると、扇子を一〇〇対《つい》持参している。次に多い「本印四方」というのは何をさすかわからないが、風呂敷《ふろしき》類かもしれない。数量ははじめは四五だったのが二三になっている。上等の「広栈風」（銀七匁五分、広栈留《さんとめ》風呂敷か）は持参物としては三つだけだが、配る相手には「風」（風呂敷か）、「洞風」と肩に記されている家が多いからである。ちょうど二三軒ぐらいだ。手拭《てぬぐい》は一一入が三つ、二つ入は五つとなっている。風呂敷や手拭は白木屋の商標入りかもしれない。

干菓子（銀七匁五分）は一折で、当主や親族だろうか横田三九郎、同新右衛門にはそれぞれ「洞風」が贈られており、同隠居に干菓子が渡されている。いちばん世話になった家だろうか、二軒に砂糖一斤半入、四軒に二斤入が贈られた。一斤半入は熊谷の原口金右衛門と前橋の羽鳥四郎兵衛でいずれも宿泊先である。二斤入のうち、本庄の森田弥三郎と佐野天明の茂木与九郎には、支配人に切煙草入（銀四匁五分）も渡しているので、その地の豪商だったのだろう。残り二軒は本庄の中屋半兵衛と古河の奈良屋久次郎である。

砂糖は江戸時代半ばごろまでは長崎経由の輸入品で、扱う商人も薬種《やくしゅ》問屋であり、上級社会の人びとしか味わえない貴重品だった。しかし近世後期になると、薩摩藩や讃岐藩で砂糖が国産品として生産されるようになる。讃岐の「三盆白《さんぼんじろ》」と呼ばれる白糖は有名だった。生産地では厳しく統制しても、つくるのは農民たちだから、だんだんと生産地が拡がり、和泉や紀伊産の砂糖を含めて大坂に集荷されるようになった。慶応から明治にかけての二年間に、大坂から江戸・東京にかけて廻船《かいせん》で運ばれた荷物を調べた史料がある。重量を記してあり、複雑な勘定なので確言できないが、筆者の計算では二年とも砂糖が運び荷重量の三〇%ぐらいで、他の品物より飛び抜けて多い。

関東の農村でも駄菓子屋が多数でき、砂糖も庶民の口に入るようになっていたので、最高の歳暮・中元とはいえ、庶民的な品だったといえるだろう。

封込調帳

白木屋文書中に「封込調帳」という史料がある。表紙には天保八年（一八三七）と記されているが、内容は十八世紀後半から十九世紀前半におよぶので、売掛を天保期にまとめたものと思われる。水戸方、甲州方、相州方、上州方、銚子方と小田舎・北南小田舎に分けられ、各地方別に数十人の名があげられているが、人によって年号や地名が書きこまれ、地方によっては売掛金額の合計が書いてあるし、「封込」、「抜《ぬき》」の数字があげられている地方もある。おそらくここに記されたのは、取引先で掛けがたまっていた人びとであり、抜というのは不良債権となり回収不可能のため帳面から名を抜かれた人たちへの売掛総計と思われる。

五地方のなかで〆《しめ》（合計）がもっとも多いのは水戸方一一四貫四二八匁である。銚子方は銀九五貫匁余、上州方は七六貫五〇〇匁余、甲州方は七二貫三五〇匁余、相州方は六一貫四七三匁余と、だいたい合計銀六〇～九五貫匁だが、封込と抜が記されている水戸方・銚子方・相州方では〆の三分の一ぐらいが封込、抜が二分の一から三分の二ほどになっているので、不良債権が累積したため特記されたと思われる。小田舎、北南小田舎は江戸周辺の顧客だろう。〆は前者が二一貫匁余、後者が八貫四三七匁余であり、細かい地名は記されていない。全体的にみて相手は小売商か豪農と思われる。武士らしい名はない。五地方といっても、担当手代の得意先別なのか、店の住所からみて首をかしげる地域がまじっている。以下それぞれの地域別にみていこう。

水戸方

水戸街道沿いから仙台までを販売圏としていたとされる水戸方では、もっとも旧い年号が書きこまれている。明和元年（一七六四）の水戸下町那波屋長三郎、銀二貫七五〇匁、同三年同町の鍵屋《かぎや》休円、銀四二貫五八〇匁である。鍵屋の銀額は全員のなかの最高で、珍しい例といってよいだろう。他は天明三年（一七八三）が一人、年号のわかる残りの五人は化政期（一八〇四～三〇）で、水戸方全部で一八人があげられている。銀額は一〇貫以下が多く、なかには三七五匁と少ない者がいるので、水戸方が〆の最高となったのは鍵屋のためといってよいだろう。抜の七九貫近くにも鍵屋分が含まれていたかもしれない。

一八人中地名が書込まれているのは一一人だが、下総二人、常州四人を除けば水戸が残り五人中の四人を占め、仙台は大町二丁目菊地屋久右衛門、五貫七八〇匁だけである。水戸は前述の二人が下町だが、他は上町・中添と散らばっている。常州土浦の小津茂右衛門、六〇〇匁は江戸の小津屋との関係を思わせる名だ。他の三人は水戸街道沿いの地域在住と考えられる。

地名からみて、とうぜん水戸方と思われる店々が他の方面にあげられているので、各方面別といっても「田舎役」と呼ばれた担当手代についた分け方であって、その手代の時期に焦げついた店名をまとめたため、地方別と合わなくなったのだろう。これは水戸方にかぎらず、他地域でもみられる現象である。

水戸方での災難

白木屋の五地方への掛取りの旅ではいろいろな事件があった。後掲の「万歳記録《ばんざい》」にみられる水戸方の台所政八を取り上げてみよう。各地方の旅には必要な荷物以外に中元・歳暮に配る品々も必要だったから、台所人の供《とも》が必要だった。

嘉永三年（一八五〇）の盆の掛取りには、台所政八が供についた。七月七日ごろ水戸太田からの帰り道で毒虫にさされ、にわかに動けなくなってしまった。取引先である土浦の横田店にかつぎこまれ、地方の名医三人が招かれていろいろ薬を処方してもらった。江戸からも下男三人が派遣され養生に励んだこともあり、だんだん回復に向かい八月八日には九分通り治って帰店した。一ヵ月近く苦しんだのだから、今のように特効薬のない時代には、虫にさされても大変だったのだろう。

この土浦での処置に対し、江戸店から薬礼として内田文庵に金三両、内田友輔・和田文仲に金二歩ずつ送っている。さらに烏犀角《うさいかく》という薬と飛脚賃に金一歩を計上しているので、江戸から高級薬も送ったらしい。いちばん厄介をかけた土浦の横田店には金一両一歩と酒五升を贈り、合計金六両が政八毒虫事件の処理に支払われている。

成人男性が農家に住込み奉公をしても、年間の賃金が三〜四両ぐらいの時代に、大店商家であったからこの処置がなされたのだろう。ホッとするのは、子供・手代・台所人の差別なく医者が呼ばれ、投薬されていたことである。地方取引先に対する面子《メンツ》もたてねばならなかったのかもしれないが、「のれん内」の意識は店員全体にみなぎっていたのだろう。

上州方　上州は仕入で重要な地域であると同時に、販売でも上得意がいた地域でもあった。ただし「封込調帳」にあげられている人名のなかには、この担当範囲とは思えない町の住人が含まれている。他と同じく、個人の奉公人と関係が切れない顧客だろう。

二〇人余の上州方人名のうち、年次のもっとも旧いのは明和三年（一七六六）、次いで天明元年（一七八一）、寛政十二年（一八〇〇）、享和歳中（一八〇一～四）が一人ずつで、他は化政期（一八〇四～三〇）である。水戸方と違い年次不明者は三人にとどまり、一人は越後十日町の田村治郎右衛門、銀二貫三四〇匁、一人は仙台大町二丁目の岩井七三郎、九貫一六四匁であって、上州方に属する人とは思われない。もう一人の上州伊勢崎、近江屋半兵衛、四貫七四〇匁は別だが。

上州高崎（三人）、伊勢崎（一人）、館井町（五人）はとうぜんともいえるが、野州足利町（三人）、佐野天明（三人）、鹿沼（一人）、武州飯能（一人）、本庄宿（一人）はいずれも上州への道筋や国境近くの町である。ただ文政十二年（一八二九）の仙台大町四丁目三条屋庄蔵は、もっともこの帳面成立時に近い新しい取引先であることが不審だが。

銀額最高は、前にあげた岩井七三郎であり、八貫匁台一人、六貫目台一人以下がそれにつづき、二貫匁台がもっとも多く、最低は佐野天明の大和屋金兵衛、三一九匁であって、「封込」や「抜」の計算はしていない。密接な関係者の多い上州では完全な債権不良先がなかったのかもしれないし、担当田舎役の人柄も関係していたのだろう。

銚子方

下総国銚子という呼び方は民間で用いたもので、中心町方は上州高崎藩の領地であり、周辺は旗本や小藩の飛地《とびち》入組だった。住民も紀州から移住した漁民やその関係者が多数おり、それらの人たちの需要にこたえた古来からの名主層や、紀州湯浅の醸造法を伝えたといわれる醬油造りたちなど多彩であった。紀州からの移住を記念してつくった木《もく》（紀）国会《こくかい》が永く現在まで尾を引いているといわれる。近代に入り廃《はい》藩置県《はんちけん》で銚子町が成立したが、明治期には千葉県でいちばん人口が多く、町勢も盛んな町だった。そうした背景をもつ銚子には、ヤマサ、ヒゲタに代表される醬油造りの人びとがおり、関連の仕事で働く男女や、町家・輸送業者・漁民が集住し、周辺の町や海上を通じての交流もあったから、「封込調帳」にあげられている人びとの住所はいろいろである。

銚子方二六人の人名中年代不明者は四人で、住所は盛岡田ノ浜、盛岡山田、常州下妻、下総八日市場である。八日市場を除けば銚子方とはいえない人びとで、仙台国分町の伊勢屋清右衛門、二五貫三〇〇匁はこの帳簿第二番目の高額である。〆、封込、抜がいずれも記されており、どの額も他の四方より多額になったのは瀬田と伊勢屋のためかもしれない。遠方でかなり以前の掛売りがたたったのだろうか。

年代でもっとも旧いのは天明八年（一七八八）一人で、次いで寛政期（一七八九〜一八〇一）が五人、残りはすべて化政期（一八〇四〜三〇）である。住所は下総銚子がもっとも多く五人、次いで仙台気仙沼《けせんぬま》四人であり、東北では天明八年、奥州相馬中村志賀茂左衛門、六貫九九五匁、寛政十年（一七九八）には先述の仙台国分町伊勢屋清右衛門、あと二人の盛岡田ノ浜、山田在住者は少額であり年次も不明だ。

上総・下総は現在の県名で分けられない入組みの地域が多い。下総網戸、八日市場、上総東金宿、八幡、大網、王村、松ヶ谷、長匂など銚子近辺の町村在住者が点々とみられる。ただし寛政九年（一七九七）に野州真壁一人、文政六年（一八二三）（原本に「文政六己巳とあるので、文化六年かもしれない。）に野州真壁一人があげられているのは別格である。銀額は伊勢屋清右衛門・瀬田孫右衛門を除けば志賀茂左衛門が最高で、多くは一貫匁台かそれ以下である。文政八年（一八二五）、上総東金宿の飯田新治郎は一七五匁という少額であった。

私は二〇年以上前から銚子のヒゲタ醬油株式会社所蔵史料の整理・分析・論文発表に従事したが、その過程で白木屋の為替手形にからむ史料に接したことがある。関東における醬油醸造業の研究のなかで、白木屋銚子方をもっと調べたいと思っている。

相州方

「封込調帳」の相州方にあげられているのは二〇人であり、それほど多くない。前述の「残懸控」人数にくらべて少ないのは、不良債権のあり方が他地方と違っていた可能性もある。封込や抜も合計が記されているが、この地域にはかけ離れた地域の顧客がいないことが目立つ。

客は相州が一〇人、駿州が六人、豆州三人、武州一人と全員在所がわかっている。いちばん多いのは相州小田原で六人、他の相州は伊勢原二人、藤沢二人である。次いで駿州吉原三人、豆州三嶋三人であり、残りは駿州本通二人、駿州沼津一人、武州神奈川一人と相州方の名にふさわしい東海道沿いの在住者たちである。

年次でいちばん旧いのは、天明二年（一七八二）松坂屋清五郎、一五貫六〇四匁で銀額も最高である。寛政期（一七八九〜一八〇二）が六人、享和期（一八〇一〜四）が一人で、残り一二人中年次不明は相州藤沢の伊賀屋藤兵衛、三貫六二九匁余と、同箇所の伊勢屋善兵衛、五四〇匁、駿州吉原松坂屋茂八、八貫三二〇匁で、他地域のようにとくに多額の焦げつきがあったとは思えない。

銀額は松坂屋清五郎、松坂屋茂八の二人を除けば一〜三貫匁台が多く、一貫匁以下も四人いる。ただし抜が計算されているので、帳簿から抹殺された人びとがいたことがわかる。もっとも抜の銀額は示されているなかでは最低である。

甲州方　現在の関東地方に入っていない甲州地方は、仕入や販売を主とする商人の世界では江戸地回《じまわ》りに含まれていた。「封込調帳」にも三〇人の名が記されている。ただし、封込、抜の数字はあげられていない。甲州方だからその方面の在住者が多いのはとうぜんだが、他地方所属とみなされる地域の人も多く含まれている。

顧客がいちばん多いのは甲府で一〇人いる。次いで武州河越に四人、郡内に二人、武州小谷屋彦太郎は通路沿いの町村の者だろう。豆州下田三人は相州方でなくここに入っている。三人とも文政期（一八一八〜三〇）で銀額も大きくないので特別な事情があったのかもしれない。その他相州保沢一人、上州藤岡二人、武州松戸一人が含まれているのも不審である。居住地不明者は六人いた。

甲州方でもっとも旧い年次の者は、安永五年（一七七六）の甲府麻屋彦右衛門、一二貫二四〇匁である。銀額はほかより飛抜けて大きい。次いで寛政期（一七八九〜一八〇一）

五人、享和三年（一八〇三）一人、残り一三人中化政期（一八〇四〜三〇）が一九人、年次不明者が四人である。総体的に新しい年次の者が多数を占めていた地方といってよいだろう。

甲府には白木屋と関係の深い飛脚問屋京屋茂兵衛が店を構えており、江戸店と連絡が密であったと思われる。ただし京屋も借金で苦しんでいたらしいから、地域が豊かであったかどうかわからない。「封込調帳」に多数のせられているのは別に顧客が多かったからではないだろう。銀額は麻屋彦右衛門に次ぐ者として、寛政元年（一七八九）の甲府麻屋庄右衛門、五貫七〇匁、寛政七年（一七九五）の上州藤岡、文化十三年（一八一六）（原本には「文化十三甲戌歳」とあるので、文化十一年かもしれない）のやはり藤岡の二人が五貫匁、四貫五〇〇匁と、在地名不明者の一人が一〇貫七一三匁の四人が目立つ。残りはせいぜい一貫匁台から三貫匁台で、一貫匁以下が一一人もいる。

残掛け

白木屋日本橋店に「残懸控《ざんがけのひかえ》」という帳簿がある。天保十年（一八三九）から安政元年（一八五四）までの売掛で、決算期に売掛の残額を人名別に書上げた帳面である。これには五地方や江戸府内、江戸周辺らしい南北・田舎の部に分け、その担当手代ごとに人名・銀額が記されている。残掛けであるから売上額ではないが、ほとんどの取引先が決算期に全額支払うことなく、いくらかの取引額を売掛として次期に繰越しているので、担当手代の人数、販売地域、取引先人数の全体をみるためには役立つ史料とみてよかろう。ただし白木屋が衰退期に入っていたときであるから、これでもって前世紀の状態を推し量ることはできない。

江戸府内では本郷・山ノ手・浅草・麻布方の四地域が販売圏だった。浅草は二人、麻布方は四人、本郷・山ノ手は五人ずつ手代の名があげられ、それぞれに客がついていたらしい。取引先合計でいちばん多いのは麻布方で四〇人をこすが、同じ人名で売掛が複数の者が六人もいる。伊勢屋藤蔵が三件、そのほかの五人は二件ずつのせられている。一つのれんで売掛が別口なのか、店が麻布のなかに複数設けられていたのかはわからない。浅草も複数人名が六人あり、山ノ手四人、本郷二人と府内では大店もしくは何軒もの店を持つ取引先があったようだ。

南北は手代名なしで三〇人ほど、田舎之部は手代別の人名三五名ほどであり、本郷三〇人、山ノ手二五人、浅草四〇人弱とほぼ同数の取引先があったとみてよい。ただ江戸府内は麻布方にみられるように、一人で何件も売掛が書出されている浅草や山ノ手の例があり、複数人名のない地域とは様相が異なる。もっとも複数といっても、最初の天保十年（一八三九）だけとか、その後三年ぐらいの間に一件になってしまう店が大部分である。

手代人数を示す口《くち》は最後の記述によれば天保十年（一八三九）〜嘉永三年（一八五〇）の一三年間、一三、四口であり、以後の四年間は口数は記されていない。「万歳記録」によれば、〃店内人少な〃の時期に入ったと思われるので、担当手代も大きく変動したのかもしれない。

毎年の残掛け総額は一七〇〇〜一九〇〇貫匁ほどで、金額になおすと三万両前後になる。この額は資産として計上されるわけで、回収可能な売掛であったかどうかは疑問である。前にあげた「封込調帳」と重なる人名がなく、「残懸控」でも年々同銀額の者が多いことからみても、この天保期（一八三〇〜四四）以降は焦げつきが常態化していたとみてよかろう。

江戸店と貨幣

江戸店《えどだな》は販売を担当する出店《でみせ》であり、本店《ほんだな》が上方《かみがた》にある家が主流であったから、江戸期特有の幣制が大きく影響した。まず近世幣制の特徴について簡単にのべておこう。

幣制と江戸店

現在のように紙幣が流通していたのではなく、幕府の命により金・銀・銭の三貨が正貨とされた。大藩であり、藩の政策に必要な場合には、藩内だけ通用する藩札《はんさつ》と呼ばれる紙幣が発行されたが、多くは上方地域にかぎられ江戸店が担当した地域では藩札は用いられなかったから、ここでは正貨だけ取り上げることとする。

金・銀・銭三貨の鋳造は幕府の管轄下におかれた。ただ、庶民がもっぱら使用する銭は直接の支配下にあったとはいえない側面があったが、金・銀両貨は幕府任命下の特定御用《ごよう》達《たし》町人が運営した金座および銀座でなければ鋳造は許されなかった。十七世紀には各地に両座が設けられたときがあったが、十八世紀に入ると江戸が別格の権限を持つようになる。とくに江戸銀座はそばに金座があったにもかかわらず、銀座が設けられたところが近代以降町名になったため、今は全国どこに行っても○○銀座にお目にかかるようになってしまった。

鋳造が幕府および特定の御用達町人に握られたため、金銀貨の価値を定める要素は時の政策により変動した。江戸時代、上方や西国は銀貨経済圏であり、江戸を中心とする東国は金貨経済圏だったから、下り商品を扱う江戸店は仕入は銀で払い、販売を金で受取る場合、両替を必要とする。逆に年貢米の多くを大坂市場で換金する武士層は、江戸での消費を賄うには、大坂の銀を江戸では金に換えねばならない。その両替に関係した、江戸店の一翼を占める本両替仲間についてはここではのべないが、現在の銀行につながる企業に成長した場合が少なくない。

金貨は一両小判が高額貨幣の主流であり、その下に四枚で一両になる一歩（分と記すことが多い）、四枚で一歩になる朱と四進法で計算された。これは計数貨幣であり、朱以下の単位はない。それに対して銀貨は秤量《ひょうりょう》貨幣で重さを天秤で計り勘定するから、貫・匁・分・厘・毛と細かい計算ができた。両替が必要なときは換算率が必要だが、幕府が定めた法定比価は実情に合わないことが多く、商人が困惑したり両替商が業務を休業する場合もあった。

とくに五代将軍綱吉《つなよし》時代の悪鋳、新井白石《あらいはくせき》・八代将軍吉宗《よしむね》時代の良貨政策、元文期（一七三六〜四一）の改鋳などが有名であり、商品流通を研究していた私たちは帳簿類の扱いに悩まされた。現代でも何十年か前の小説で、給料や物価が登場してくると違和感を抱くことが多い。もし売上げを年々記載してある書類がみつかった場合、その間にデノミがあったことがわからなかったら、実際には収益があがっているのに大損をしたと思いこむだろう。まして現金売買でなく売掛や年賦の多かった江戸時代、貨幣価値の変動に注意を払わないと大きな誤ちをおかす危険がある。

数字符牒

江戸時代の商家では、数字が符牒《ふちょう》で記される慣習が一般的だった。帳簿や文書にもよく使われる。多く知られているものに、三井越後屋の「イセマツサカヱチウシ」がある。イが一、セが二というように、一〇までの数字が片仮名で書かれる。伊勢国松坂出身の越後屋を、「伊勢松坂越氏」で表現した符牒でわかりやすい。白

10,5 以 モツテ	11.0 路 ミチ	11,5 波 ナミ	12,0 刃 ヤエバ	12,5 保 ホ	13,0 辺 ホトル	13,5 当 アタル	14,0 池 イケ	14,5 里 サト	15,0 奴 ヤツコ
15,5 累 ルイ	16,0 越 コシ	16,5 輪 ワ	17,0 夏 ナツ	17,5 与 ヨ	18,0 田 タ	18,5 連 レン	19.0 訴 ウタエ	19.5 通 カヨウ	20,0 直 ナホル
20,5 奈 ナ	21,0 等 ヲ	21,5 夢 ユメ	22,0 雨 アメ	22,5 意 ココロ	23,0 能 ヨク	23,5 於 オイテ	24,0 具 ツブサ	24,5 夜 ヨル	25,0 麻 アサ
25,5 卦 ケイ	26,0 附 ツク	26,5 狐 キツネ	27,0 柄 ツカ	27,5 天 テン	28,0 蛙 カワズ	28,5 砂 イサゴ	29,0 幾 イク	29,5 遊 アソブ	30,0 免 メン
30,5 実 ジツ	31,0 司 ツカサ	31,5 永 ナガイ	32,0 井 コユル	32,5 最 サイ	33,0 青 アオ	33,5 数 カズ	34,0 都 ミヤコ	34,5 堺 サカイ	35,0 町 マチ
35,5 泊 トマル	36,0 仙 セン	36,5 豊 マン	37,0 平 バイ	37,5 国 クニ	38,0 計 ケイ	38,5 桝 マス	39.0 口 クチ	39,5 均 シヤク	40,0 細 ホソ
40,5 逸 イツ	41,0 荷 ニ	41,5 算 サン	42,0 詩 シ	42,5 期 ゴス	43,0 鹿 シカ	43,5 室 ムロ	44,0 抜 ヌク	44,5 仇 キユウ	45,0 仲 ナカ
45,5 高 タカキ	46,0 家 ヤニ	46,5 登 ノボリ	47,0 品 ミレバ	47,5 煙 ケムリ	48,0 立 タツ	48,5 民 タミノ	49,0 釜 カマ	49,5 賑 ニギハウ	50,0 官 ケリ
1 土 ツチ	10 竹 タケ	100 唐 カラ	1,000 仙 セン	10,000 豊 マン	合 調 チヨウ	○ 弥 ヤ	円 丸 マル	銭 木 キ	10 曽 ソ
附字 人 ジン									

数字符牒（一般用）

1 2 3 4 5 6 7 8 9 10同
（読）ヱビスタイコクテムソト（ドウ）
（書）ヱヒスタイコクテム干〻
（意）　恵比寿大黒天像

一 十 百 千 万
（読）ツチタケカラセンマン
（書）土 竹 唐 仙 豊

図9　白木屋の数字符牒（『白木屋三百年史』による）

木屋は「ヱヒスタイコクテム干」であり、恵比寿大黒天像からとった符牒がよく使われた。各店によって違いがあり、他店の者が帳簿を見たり、値段の話を聞いても理解できない仕組みになっている。

ただ数字符牒は一種類にかぎらず、白木屋には別掲の〇・五ずつのものがあった。これに添字や付字がつき、ますますわかりにくくしてある。東京大学「白木屋文書」中に、嘉永五年（一八五二）〜安政三年（一八五六）の「金銀出入之控」という日本橋店の毎日の仕入別金額を書上げた史料がある。当時白木屋では染物方・元方・会所・太物《ふともの》方の四仕入方があり、どこから仕入れた物がどれだけの金額だったかが毎日わかるが、毎年の合計が〇・五ずつ違う符牒で書かれていた。なお、半歳ごとに京都登《のぼ》せ金と諸仕入の合計が計算されている。この帳簿の性格はまだ分析していないが、どの仕入方から入手した品が、何月何日にいくら売買契約があったかを記したものだろう。現在のように現金売りが主体でないので、売上高調べとはいえないと思う。

嘉永六年一年分の合計として、

京都為登《のぼせ》　雨人全呈　（二万二〇〇〇両）

市印入　釜人唐麻呈　（四九二五両）

諸仕入　　　官豊煙調唐期調呈〇直朱（五万九五八五両二朱）

とあり、前掲の鍵を用いて私が計算し、かっこ内の数字を得た。そしてヱヒスタイコクテム干で記してある毎日の数字を合計したら、一致したのでホッとしたことがある。

このように複雑な符牒でなくても、鍵が不明な場合は困ってしまう。私が大学院一年時の夏に、はじめて藤岡を訪れたとき、伺ったお宅の江戸期帳簿は鍵がわからない符牒で記されていた。ただ、両・歩・朱の金貨単位だったので、一、二、三だけは計算すればなんとかわかる。次にたまではあるが、盆・暮れ合計がふつうの数字で書いてあるところがあったので、ミステリーの謎を解くような苦労を帰りの列車で数時間味わい、上野に着いたとき「ハルナツアキフユヨシ」（春夏秋冬良し）の鍵にたどりついたときは天にも昇る心地だった。

南鐐二朱銀

二〇〇一年八月、名古屋に本店《ほんてん》がある株式会社松坂屋から、珍しい「引《ひき》札《ふだ》」について問合せがあった。東京上野広小路のデパート松坂屋は、江戸時代の「いとう松坂屋」につながる呉服屋系の百貨店であり、創業記念行事の一環として、創業家の伊藤家から古文書を借用して調査した。史料のなかに店での扱い商品の引札があり、コピーを見せてくださるというお電話をいただいた。やがて二回にわたり興味深いコピーをお送りくださり、後述の部分にも松坂屋が登場するので、勘定の重要な史料として紹介したい。江戸の大店は宣伝のため引札と呼ばれたビラを作って客に配った。こうしたビラは史料として保存する人も少なく、私もはじめて目にすることができた。

この引札は明和九年（一七七二）辰十月に出されたもので、同年十一月には安永元年となっている。秘書室の方も注目されたように、宣伝商品の価格が金・銀併記になっている珍しい史料である。なぜなら前述したように金では細かな計算ができないうえに、下り商品の多い織物商品はすべて銀計算で表示された。単に上方物ばかりではなく、本章の「仕入の仕組み」の節であげた常州下館《しもだて》の中村兵左衛門家では生木綿《きもめん》を晒《さら》す仕事をした周辺農家への手間賃などもすべて銀勘定で計算されており、織物といえば近代にいたるまで銀で取引されていた。

ところが、この引札の一部をみると、

一郡内しま　代金壱分　六匁五分より
一飛嶋八丈　代金壱分　四匁より
一御裏きぬ一反付《につき》　代十三匁八分より

といった記述がなされており、金貨と銀貨が併記されていた。計算貨幣である金貨と秤量

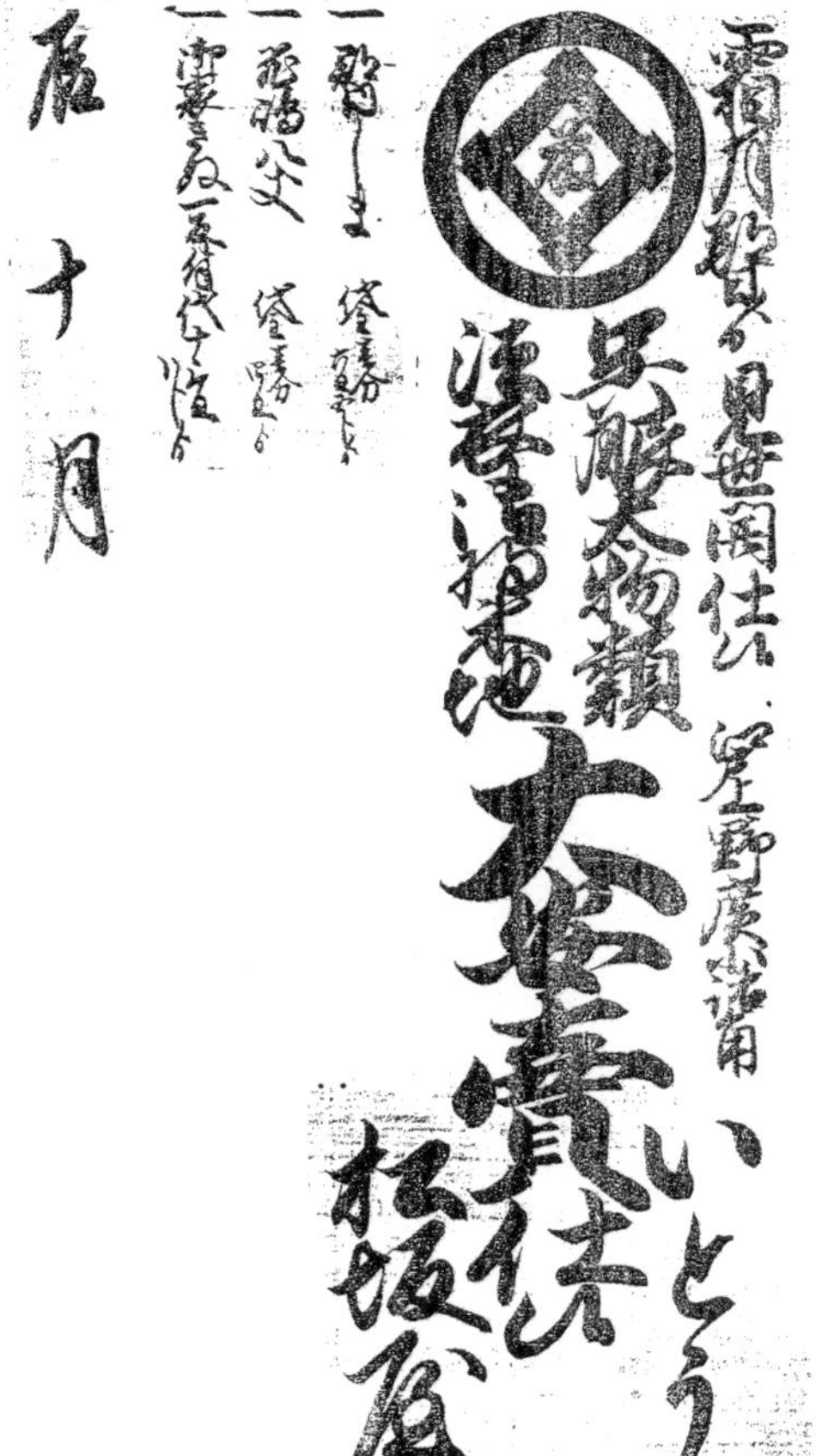

図10　松坂屋の引札

貨幣である銀貨の公定比価は、金一両＝銀六〇匁といちおう幕府は令しており、金一歩は銀一五匁で取引されるはずだったが、金銀比価は変動していた。幕府は五匁銀という重さ一定の銀貨を明和二年（一七六五）に発行したが、不評で流通ははかどらなかった。そこで一〇年もたたないうちに南鐐《なんりよう》二《に》朱銀《しゆぎん》発行に踏み切ったのである。

南鐐というのは良質の銀貨だったようだ。それ以前に発行された南鐐はまだ秤量貨幣だったが、この明和九年（一七七二）九月に幕府が発行を触れた南鐐二朱銀には、八枚で金一両となることを刻印してあり、銀貨であるにもかかわらず、金貨計算できる貨幣であった。そのため、南鐐二朱銀は金一歩と同価値とされ、郡内しまは金一歩プラス銀六匁五分より、飛嶋八丈は金一歩と銀四匁より、御裏ぎぬは銀一三匁八分よりといったように、銀一五匁以上なら金一歩、一歩未満ならすべて銀表示と表記できるようになった。その意味で良質な南鐐銀を用いた二朱貨幣は広く流通し、江戸店の帳簿や証文類も両貨併記の場合には、金一歩以下なら単純に銀で記すようになったのである。

数字の書き方

白木屋の史料のなかに、数字の一、二は使わず壱、弐と書くようにと注意している項目がある。現在でも領収証に、

一、金弐千五百万円也

と書かなければいけないといわれることがある。ここでまず金と書くのは、前述の金銀両貨が江戸期に使われ、ただ「三分也」と書いたら金三分（歩）か銀三分かわからない場合があったからではないかと私は考えている。次に一、二であるが、筆を加えれば一は二や三に、二は三に簡単に書直せる。三は江戸時代の書き方では他の数字に直すことは困難だったから、三を参と書くようになったのは近代以降が多い。

近代になると、字の書き方が活字風になるので、軍隊で出門許可証をうまく書けば、一ヵ月数回外出できたという話があったし、現在の横書き算用数字領収証でも、数字の前に¥をつけてごまかされないようにするといわれている。

江戸時代にも金額を改竄《かいざん》し、他人・他家を困らせることがしばしばあり、商家では筆跡や印形を確かめると同時に、冒頭にあげた注意がはらわれていた。その意味では外国には珍しい商業慣習が根強く残っても不思議ではない。

隠　語

江戸店だけではないと思うが、大店には各種の隠語があった。たとえば白木屋では「仙の字」が食事、「丸や」が酒、「卜入《いれ》」が客といったふうに、通常生活一般にかかわる隠語があった。店 掟《たなのおきて》にも、

一表二階で徳印は一切無用

一風呂場・仙ノ字場でもいんぎんに振るまうこと
一お客様へ丸やを出す時に不行儀ではいけない

などしばしば使われている。私が現在刊行中の東京大学経済学部所蔵史料「白木屋文書」に多数使われている隠語には意味不明の言葉が数多くある。ここに最初にあげた「徳印」もその一つで、たぶん「サボること」、あるいは「居眠りすること」かと思うが確証はない。後述の「万歳記録」にも出てくる「岡印」「半岡印」などもそうだ。

ただし私が歩いた地方調査ではあまりお目にかからなかったので、江戸特有の慣習だったのかもしれない。ただし東京時代白木屋が百貨店になっても、隠語は店内で使用されており、『白木屋三百年史』に符牒《ふちょう》とともに紹介されている。とくに店員の声として、お客を「トイレ」と呼ぶのは困るという意見が出ているのはもっともだ。他の商家でこうした隠語があったのか、その時代的変遷や意味をもっと調べてみたいと思っているが、江戸期と東京時代とは史料の使われ方も違っているので難しいかもしれない。

これらの数字符牒や隠語は白木屋入店時以降繰返し教えこまれた。毎日の会話や帳簿つけに使用されたから、のれん内《うち》の人びとはこうした店独自の慣習に馴れる必要があった。隠語は近代にまで影響を及ぼしている。

江戸店奉公人の暮らし

天保期以降の白木屋――「万歳記録」によって

「万歳記録」

東京大学経済学部所蔵の白木屋文書中に、天保十三年（一八四二）正月、「万歳記録」と表記されている史料がある。内容は白木屋日本橋店奉公人たちの動向であり、天保十三年六月から明治十六年（一八八三）十一月と十九世紀をほとんどカバーしている。もっとも動乱期といえる明治七年（一八七四）〜明治十五年（一八八二）については記述がないのは残念だが。

その内容

初筆のころと、嘉永・安政期（一八四八〜六〇）以降とでは書き方や内容がかなり変っているが、奉公人の進退を記していることに違いはない。勤めて何年目の奉公人がどういう役職で退役したか、江戸から故郷の上方に帰るにあたり、餞別として何を店中からもらったか、何月何日に出立したかがのべられている。これらは「首尾能《しゅびよく》御暇《おいとま》」組であり、日本橋店奉公人の「明」の世界を示す記録といえよう。

しかしなかには病気や「不埒《ふらち》」ゆえに勤務をつづけることができず解雇された者たちがいたし、諸種の病気で死亡する人びとや、家出して吟味を受けたり行方知れずになった場合も少なくない。これらは「暗」の世界といえよう。

また、十五歳前後に元服して子供から若衆《わかいしゅ》（白木屋での呼称）になり名前が変ったことや、奉公人たちが使ったらしい艾《もぐさ》の製造を下級武士層に依頼した事実など、各種の日本橋店の動向を知ることができる。

図13　『万歳記録』

以下、この「万歳記録」の内容を筆者なりに項目をたて、天保期以降の日本橋店奉公人の生活を探ってみよう。

明るい側面

支配役の退職

「万歳記録」の最初には、天保八年（一八三七）六月七日に江戸を出立した江竜作右衛門の名があげられている。作右衛門は勤めはじめてから三三年目の人物で、それまで支配役を勤めていた。三、四人いた支配は順番がつけられており、第一位の者から辞任しそれぞれ繰上っていくから、作右衛門はトップの地位を去って故郷に登る日本橋店の成功者だったといえよう。十一〜十二歳ごろから三三年たっていれば四十歳代になっていたはずであり、白木屋には三井越後屋のように通《かよいづと》勤めの制度はなかったから、結婚もせず店内で起居していたと思われる。

いろいろな事情で重役に退職を願い出た者に対し、「目出度御暇《めでたくおいとま》」を認められた場合には、惣中（店員全員）から餞別が贈られるのがつねであった。作右衛門には銀一一〇匁の白紬《つむぎ》一疋、銀六〇匁の生絹一疋が贈られている。同じ白紬でも価格の違う品があり、作右衛門には最上等の品が用意されたらしい。

天保十三年（一八四二）十月十六日出立の三三年支配退役、広瀬長右衛門も作右衛門と同額の餞別を惣中からもらっている。勤めた年数ではなく最後の役職の高下が配慮されていたようで、嘉永四年（一八五一）五月十八日出立の三四年森兵右衛門には銀一〇五匁の白紬一疋と、六〇匁の白絹一疋が餞別であった。

支配は日本橋店の重役であり、トップは今の支店長にあたるだろう。手厚い見送りをうけて東海道を故郷に向かったらしい。なかには京都本店の重役に迎えられた者もいたかもしれない。

段階別の餞別

これら餞別は現在でいえば退職祝いにあたるもので、白木屋では規定にしたがって与えられたと思われるが、詳しいことはわからない。ここでは「万歳記録」によって見てみよう（以下、人名の上の年数は、勤務年数を肩書きのように付した原史料の表記にもとづく）。

この記録の四人目は二七年戸沢六兵衛である。中登りも終った中年手代だが役職は書かれていない。天保九年（一八三八）三月五日出立の六兵衛は惣中から一一〇匁の白紬一疋を贈られている。白絹はなしである。翌年三月五日にも二人旅立っているので、三月五日は一般「目出度御暇」組の登りの日とされていたのかもしれない。このときには二一年組頭と、二三年組頭四人目の二人だが、やはり白紬一疋ずつの餞別である。

勤務年数や最終役職、表と台所の違いなどが勘案されて餞別が定められたらしい。三〇年以上勤務だと白紬・白絹が一疋ずつだが、二〇年代だと一〇〇匁前後の白紬一疋、それ以下だと低額の織物になっていく。天保十四年（一八四三）三月五日出立組は六人だったが、二六年組頭二人目は一〇五匁白紬一疋、二五年目小頭は九〇匁白紬一疋だった。一八年福泉七郎兵衛は四五匁上田縞《うえだじま》一反、一八年番頭《ばんがしら》山中儀八は二三匁青梅縞《おうめじま》一反、一四年橋本友八は二〇の青梅縞一反、一二年（若衆だろうか）河瀬金助は一六匁桟留縞《さんとめじま》一反である。

台所の者は最高職の頭《かしら》分となり勤務年数が長くても表奉公人とは大きく差をつけられた。弘化五年（一八四八）三月五日出立の源助は二〇年番頭であったが二三匁の青梅縞一反だった。その他二〇年以上勤務でも台所の者はいずれも青梅縞一反であり、年数の少ない者には一〇匁台の桟留縞一反の餞別にとどまっている。

子供として入店した少年たちは、十五歳くらいになると「成人」になったとして、半元服・本元服の儀式が行なわれ、郎・助・吉などのついた子供名前を改名して若衆《わかいしゅ》となる。

元服・改名

半元服というのは本元服前の略式の元服であり、額《ひたい》の隅《すみ》を剃《そ》り前髪を少し短くして成人したことを示す行事である。半元服後少したって本元服となり、髪型はまったく成人並みとなる。いわゆる町人まげを結い頭を剃り上げた。半元服後どのくらいたって本元服になったか一般的なことはよくわからない。三井北家（総領《そうりょう》家）の高朗《たかあき》が幕末にあげた儀式の例によると、十五歳の正月十九日に京都で半元服し、同年十一月十一日、江戸で本元服している。もっとも高朗は家掟《いえおきて》「宗竺《そうちく》遺書」の規定により、同年四月に江戸へ下り習学しなければならなかったので特例だったかもしれない。

「万歳記録」安政四年（一八五七）四月二十二日に一一人の子供が本元服ならびに半元服をし改名している。寅吉→稲葉善七、新三郎→須田由右衛門、米之助→足立忠兵衛といったように成人の名前に変る。日柄がよいのでこの日を選んだというから、店ではめでたい儀式として執り行なわれたのであろう。

このときは全員が改名したらしいが、文久元年（一八六一）六月九日の場合は子供四人が元服、改名したのに対し、半元服とされた子供八人は改名されていない。他の年次には元服・改名とされているので、何か事情があったと思われる。このときには他の二人が忠四郎→万助、勘兵衛→伊右衛門と改名したことが付記されている。台所人かもしれない。

武家の内職　白木屋日本橋店のような大商人になると、武家との関係は販売店と顧客といった通常のものだけではない。顧客としての大名・旗本は払いが悪いのと、奉公人がらみの不正取引が多いので、白木屋では警戒していたようだ。これは他の大《おお》店《だな》にも共通だったらしい。

顧客としてではなく、確実な内職仕事を発注する相手としての武家取引先があった。前段階には煙草刻《たばこきざ》みが下級武士の内職として依頼されたが、「万歳記録」には切艾《きりもぐさ》についての記録がある。煙草は客・店員ともに必要としただろうが、艾は店員だけが用いたと思われる。

嘉永元年（一八四八）十月、銭二貫八二四文（銀二六匁一分）の艾縒《よ》り賃・切賃が新し橋向《むこうきわ》際の巨勢《こせ》縫殿助《ぬいのすけ》用人、谷田小弥太方に支払われている。巨勢は五〇〇〇石の旗本だったらしい。谷田家で誰が実際に扱ったかはこの時点ではわからないが、嘉永三年（一八五〇）四月のときは巨勢家の家来川崎要蔵に頼んだと記されている。銭二貫八四六文（金一歩二朱と五〇四文）が渡された。

以後も川崎要蔵に依頼しているが、巨勢家は浅草鳥越《とりごえ》の松浦家の隣りであることが註記されていることから、松浦家が白木屋の顧客だった可能性がある。いずれにせよ、そうという大身《たいしん》の旗本であっても、その家臣一家は艾切りの内職に励まねばならなかったのである。

艾を大・中・小に分けて切り、ふるいにかけて白木屋から出された反古《ほご》の古半紙に包み分けたようだ。嘉永元年（一八四八）十月の記事によると、切艾はだいたい三ヵ年に一貫目ぐらいもあれば間に合うとのべており、医師の上月玄秀が間に入っていたらしい。白木屋はあまり乗り気ではなかったようだ。町人の灸《きゅう》に使う艾を武士が刻む世の中となっていたのである。

暗い側面

子供の登り

江戸へ下ってきて子供のうちに故郷へ帰された者が少なくないが、いろいろなケースがあったようだ。天保十四年（一八四三）四月九日出立の四人は、七年草野孫右衛門、六年宮部捨次郎、五年近藤庄治郎、四年綾戸菊次郎と、若衆《わかいしゅ》一人、子供三人であったが、いずれも名目は「病気登《のぼ》り」である。註記として、「右病気登り四人、半岡印同様、道中薬用一向になし」とある。岡印・半岡印は「不埒《ふらち》」をして解雇されたときなどに用いられる隠語であり、四人には付添いの宰領《さいりよう》もつけられず、薬ももらえなかったらしい。また安政三年（一八五六）八月十日に痔《じ》の病いで病気登りとなった二年松田信吉は、算筆が「弓印」であったとされているので、病気登りの名目で将来店員になるには不向きとされた少年たちは、体よく辞めさせられたのではなかろうか。

もっとはっきり縁を切られた少年たちもいた。嘉永元年（一八四八）五月十一日出立の四年松井政之助、五年北村庄六の二人は、「元来生立《がんらいおいたち》」がよくなく、いくら意見をしても知らん顔だったうえ、ひどい不埒をしたという理由で宰領をつけて帰された。ただし名目は病気登りである。

そのほか、商売向き「不鍛練」とされた者や、病身のうえに商用の算筆がだめな四人の子供がまとめて病気登りとなった場合もあり、少年たちは将来の見込みがないとみなされると、病気登りの名目で上方へ帰されたらしい。有名な白木屋日本橋店への奉公という夢を抱いて下ってきた子供の脱落者は多かったようで、「万歳記録」を用いて計算した筆者の経験では、奉公二年目の者が退店者数第一位となっている。

病気登りの子供

病気の内容がわからない子供もいたが、かなり詳しく病状がのべられていることもある。それらのうち、登りを命ぜられた三人をあげてみよう。

〈平松辰吉（三年）〉　奉公人のなかには腫物《はれもの》に悩む者が多かった。子供はふつう外出できず終日店内で雑用に追い使われた。大部分の店では銭湯に通ったが、白木屋日本橋店には有名な井戸があり風呂が店内でたてられたが、入浴の序列があり子供が入るときどのような状態であったか不明である。夜は算盤《そろばん》、読み書きに励むよう義務づけられており、ろくろく入浴できなかったかもしれない。

辰吉は以前から腫物があったが、嘉永七年（一八五四）五月中旬から湿瘡《しっそう》（疥癬《かいせん》虫の寄生による伝染性皮膚病。ひどくかゆいという）となった。閏七月中ごろには手足や顔がむくみ、内臓につかえが出たうえ呼吸がぜいぜいし、両便とも通じがないという難しい容態となった。医者の薬でむくみやつかえはとれたが、腰が弱りそのうえ頭にも瘡《かさ》ができたので、とても全快は無理だと同年八月十二日登せとなった。

〈八代富治郎（六年）〉　短気な性格の富治郎は胸がつかえ、手足の疲れもひどかった。医者二人から薬を与えられたがよくならず、湿瘡が多く眼病も患い、いろいろ病症が変った。さらに商売関係に不鍛練であり、ゆくゆく店のためにもならない者とみなされ、安政二年（一八五五）四月に病気登りを命ぜられた。

〈萩原卯之助（三年）〉　安政三年六月ごろから腹痛に悩み、七月になっても同じなので医者にみせたら胃に蛔虫《かいちゅう》がいるとのことだった。薬をのませたら蛔虫を吐出し腹がパンパンにふくれ、食事が胸につかえ腹痛がするという。犀角《さいかく》入りの薬を服用させたらやっと腹のふくれは減り、胃もよくなったがひどい病症だったため、同年九月国元養生の名目で登《のぼ》されている。

そのほかかなり多くの少年たちが病気登りとなっており、場合によれば宰領が付添いとして同行した。大部分は東海道経由だったが、木曾登りもみられる。

子供でものれん内

勤務年数はわからないが名前からみて子供と想定される上原文之助は長病となり、服薬させ養生をはかったが全快は困難とされ、仕方なく「国元養生」となった。全快したら再勤させる予定である。文久三年（一八六三）九月二十日に宰領をつけて東海道登りとなった。合力《ごうりき》などを含めて諸入用一二両が見積られており、〝人少な〟になった日本橋店では以前のような厳しさはみられなくなっている。

ところが文之助は途中でだんだん病いが重くなり、とうとう伏見宿で息を引取ってしまう。伏見宿の松屋市右衛門と宰領嘉兵衛両人からの勘定書によると、

葬式入用一切	金一歩二朱と二〇〇文
穴掘・湯かん共	金二歩
医師御礼	金一朱
和尚様御礼	金一歩

伴僧御礼　　金二朱

のほかに、宿役人付届け、世話人酒肴代や宿泊先・男衆・女中衆にも金が払われ、合計金三両三朱が入用としてあげられている。たとえ子供であってもかなり手厚い扱いである。

本人の病気ではなかったが、母の見舞いのため帰郷を許された子供もいた。三年竹内熊次郎は実母が長い病気となり、実父が江戸に出府して母の存命中にぜひ一度会わせたいと懇願した。前述の上原文之助と同年文久三年（一八六三）三月のことである。まだ勤めて何年もたたず、熊次郎に悪い評判もなかったらしい。江戸店重役も哀れと思ったのか、五〇日の暇を認め、ふつうにはない「立帰り」を許しており、五〇〇疋の祝儀を与えている。特例として「出養生《でようじょう》」扱いとなっており、文之助もその後同様の措置を受けたのかもしれない。死亡した子供と違い、上方に長期の出養生を許され、たぶん母との別れをすませたであろう熊次郎が、ふたたび日本橋に帰ってきたのかどうかその後の動静は不明であるが、幕末には諸種の店法改正があり、若い奉公人たちの心情に重役や役付きの上司たちも心を配らねばならなくなったようだ。

手代の家出

家出・出奔《しゅっぽん》・駈落《かけお》ちと表現は違うが、無断で姿を消す奉公人が絶えなかった。東京大学「白木屋文書」中の「明鑑録《めいかんろく》」（私は白木屋の「犯科帳《はんかちょう》」と名づけている）五冊中に不埒なことをした者の取調べ記録があるが、それにも多く家出があげられている。以下「万歳記録」から四人を抜き出してみよう。

〈河地和兵衛（一六年）〉　この者は「心得違い」のことをしたのでたびたび意見をしたがいっこうにきかなかった。さらに以《もっ》ての外《ほか》の心得違いをしでかし、天保十二年（一八四一）三月五日夜に家出した。随分吟味《ぎんみ》した結果、本芝《ほんしば》四丁目の家の二階に隠れていたのを探し出し、八月二十一日夜に店に連れ帰り取調べの末、重々不埒な所業があったことがわかり、家法にしたがって「本岡印」として木曾路を登させた。宰領つきである。

〈藤田休右衛門（一一年）〉　勤務年数からみて手代になったばかりだろう。芝の「御屋鋪出役」を命ぜられているので、たぶんどこか武家屋敷を担当させられた若者と思われる。一年ほど勤めた間に「引負《ひきおい》」と呼ばれる不良債権をつくってしまった。店内勤めに変え取調べをしようとしたら、どう思ったのか家出してしまい行方不明となった。弘化三年（一八四六）五月二十四日夜に家出している。

〈下村善右衛門（二五年）〉　前の二人とは違い老練の手代だった善右衛門は、衣類など個人の品をだいぶためこんだらしい。「明鑑録」にも店の自分用の容れ物では調べられるとぐあいが悪いと、店外に預けた者の例が少なからずみられるが、善右衛門も店外で荷造りをしたというので、こっそり家出の準備をしていたのだろう。荷物はさっそく留めおかれ、本来なら取調べの対象となるはずだったが、特別の扱いとなり病気登りの暇《いとま》となった。安政五年（一八五八）九月二日に宰領つきで中山道出立となっている。

〈川合伊右衛門〉 勤務年数が書いてないので手代だったことしかわからない。慶応元年（一八六五）春ごろから台所文六と馴れ合いでいろいろな品物を取り込み、店内のあちこちに隠したらしい。誰の仕業か不明だったが、どうやら伊右衛門がやったのだろうということになった。その様子を悟ったのか、いつの間にか姿を消してしまう。国元に帰ったらしく、口入人《くちいれにん》から知らせがあり、帰店させ取調べをしたが本人の申し口は以前のとおりだったというから、無実を主張したのだろう。国元が非常に難渋しており、店法も改正され、知合いの和尚からも再勤させてほしいと口添えがあったので許しが出たが、六月十二日に家出してしまった。珍しいケースだったらしいが、再勤については〝人少な〟の折とはいえよく考えねばならない、と註記されている。

台所人の不埒

食事づくりや表《おもて》奉公人の供《とも》、荷物運びなど力仕事の下男として働いた「台所」奉公人たちも、諸種不埒の所業があったといわれたり、家出をしたためなどで店から追われた。

嘉永元年（一八四八）五月晦日の夜に家出した台所定八は、「ふと心変り」と記され行方知れずとなった。嘉永五年（一八五二）三月二十六日に八年台所甚七も「ふと家出」したが、国元に問合せたら帰郷していた。四年台所治助も同年六月二十五日に家出し、やはり国元に戻っていた。八月二十三日には四年台所茂助と二年台所友八が申し合わせて家出し国元に帰っている。これらの人びとはすべて永暇《ながのいとま》となり、解雇されてしまった。なかにはどのようなきっかけで家出したかわかる者もいるので次にあげてみよう。

〈台所善八（三年）〉嘉永六年（一八五三）四月七日の昼に使いに出た善八は、いったん帰店した後にまた外出し、あまり長い間戻ってこないので心当たりを探したが行方がわからない。国元に問合せ永暇を申渡したが、どこに帰ったかなどは不明である。

〈台所宮部半七〉安政二年（一八五五）三月九日夕方に、馬喰《ばくろ》町方へ故郷の者が来ているからといって外出し、そのまま出奔してしまった。行方不明となったが、国元に帰ったかどうかはわからない。

〈台所辻善六〉安政二年（一八五五）九月十八日夜に使いに出るようなふりをして表口を出、そのまま家出し行方不明。

〈台所作助（五年）〉安政三年（一八五六）二月九日早朝に川舟へ二、三回荷物を運んだが、人びとの隙間を狙いそのまま家出してしまった。いろいろ探したが行方不明。〈台所治助（三年）〉安政三年（一八五六）五月二十八日に使いで芝に行き、品物を越前屋惣七方へ預けてそのまま帰店しなかった。あちこち吟味したが行方不明。「再度之儀」と史料にあるので、二度目の出奔らしい。

台所人の場合は表奉公人と違って記述は簡単である。勤務年数も短いか書いてない場合もあるが、江戸での渡り奉公人ではなく、近江など上方出身の者が多かったようである。

怪我や眼病

怪我《けが》などで医者通いする者たちもいた。初年の台所甚八は嘉永六年（一八五三）四月二十九日に江戸に着いたが、仕事で品川への使いの途中に足をいためめ、名倉家に三度ばかり治療に通ったという。白木屋には病気により諸科の医師が出入りしていたらしく、接骨などの医療には名倉家があたっていたようである。治療で全快した甚八は、六月に客の金を預っている子供から金一〇両を盗み出し、家出してしまった。調べの結果、中山道蕨《わらび》宿で召捕られ、店で引取ったというから、表向きは店内の事件扱いとなったのだろう。盗品をかついでいて役人に捕縛されても、縄つきを店から出さないために手を尽して引取った例が他の記録にみられるのである。ただし甚八は家法により「本岡印」とされ、嘉永六年六月二十四日に中山道登りを命ぜられているので、江戸暮らしは二ヵ月足らずであり、その間医者通いもしたので実質的にはいくらも働いていなかったことになる。

安政二年（一八五五）正月二十四日に怪我した九年水谷徳兵衛は名倉弥治平方に療治のため通っていたが、そのまま出奔してしまった。初登り前らしいので若衆《わかいしゅ》かもしれない。行方知れずのため国元に知らせたところ、二月七日に在所に着いたので口入人《くちいれにん》大沢文助に掛合い、詫《わび》を入れて永　暇《ながのいとま》となった。

奉公人で眼病に苦しんだ者も少なくない。二〇年相川治右衛門は安政三年（一八五六）四月ごろから眼病のため坂田という医者にみてもらい、薬でだんだんよくなった。しかし六月ごろからまた発病し、いったん全快したが十一月に入ってから再発したので、土生《はぶ》家に頼んでみてもらった。おかげでだんだんよくなったようにみえたが、翌安政四年（一八五七）二月にまた悪くなってしまった。医師土生の言では、元来難しい眼病で全快のほどは覚束《おぼつか》ないとされ、本人も希望したので永暇となり、五月十三日に江戸を旅立った。中堅手代として働き盛りであったろうが、現在と異なり薬しか対処のしようのない眼病は、ひどくなれば失明にもおよぶ厄介な病いだったのである。

子供の死亡

〈仲井外治郎（一年）〉江戸に下って間もないうちに死没した子供もいた。外治郎は十二月上旬から風邪を引き、いろいろ薬を与えられたが喘息《ぜんそく》になり、嘉永四年（一八五一）十二月二十一日に死亡した。

〈水野儀三郎（二年）〉疥瘡《かいそう》の少年の多くは死ぬまでにはいたらず、病気登りとなったが、安政三年（一八五六）五月下旬ごろから疥瘡を病んだ儀三郎は脚気《かっけ》を併発したらしい。医者を変え転薬もしたがその甲斐《かい》もなく、同年七月六日夜に死亡した。浅草満照寺に葬られている。

〈福原常吉（二年）〉常吉もはじめは疥瘡だったようだ。安政三年（一八五六）七月上旬ごろから手足・腹部一面が腫《は》れ、歩くこともできなくなった。医者の薬以外に引出しのつけ薬を用いたが、細かなできものが吹出してしまった。大粒の分は少しよくなったが、八月上旬には蛔虫のため腹痛がはげしく、胸がつかえてかたくなった。熊《くま》の胆《い》・奇《き》応丸《おうがん》などの薬をのんだが腹の痛みはとまらず、通じも両便ともなくなってしまった。はげしい難病の有り様となり胸先にさしこみ、八月十六日夜に病死した。葬式は東北寺で行なわれている。

〈臥木豊八（初年）〉豊八は江戸に下って早々の身で病気になったらしい。もともと病身だったらしく、安政四年（一八五七）閏五月二十日ごろから癪《しゃく》で胸下にさし込みが強くなり、飲食ができなくなった。医者から熊の胆の薬をもらったがいっこうによくならない。二十二日朝から急に手足が冷たくなり、顔や身体中から冷汗《ひやあせ》が出、脈が細くなり息がせわしくなった。いろいろ手当をしたが、二十七日夕方に病死したので浅草満照寺に葬った。医師は溝部有山だったが、国元へは多起安良に頼んだと通知した旨の註記がある。白木屋には何人も医師が出入りしているが、ランクの上下があったものと思われる。

手代の病死

「万歳記録」中の病気についての記述は年によってかなり詳しく、医学史専門の方がご覧になればわかる事態があると思うが、素人の私は史料を紹介するにとどめたい。

〈武田儀兵衛（二六年）〉　安政二年（一八五五）正月六、七日ごろ風邪を引いたが、たいしたことはないと思い出勤していた。ところが咳《せき》が少し出るようになったので多起安良からの薬を服用していくらか快くなった。しかし十七、八日ごろから胸が痛み熱がはげしく出、傷寒《しょうかん》という見立てでいろいろ治療に励んだが、日ましに容体がすぐれず飲食も進まないで、二月二日に死亡した。満照寺に葬る。儀兵衛はたぶん近江出身であろうから、遠い国元では江戸からの便りで心配するだけであった。兄がとりあえず江戸に下ったが、着いたのが二月二十一日ですでに葬式は済んでおり、墓参りに行くしかできなかった。死亡しても肉親が江戸に下った例はほかにみられない。

〈服部忠兵衛（二七年）〉　安政三年六月十五日ごろから「疫邪」のため高熱を発し夜寝られなくなった。そのうえ下血《げけつ》が激しいので、溝部有山から犀角《さいかく》入りの薬を与えられたがいっこうよくならない（当時コレラが流行したといわれているのでその影響もあったかもしれない）。時は酷暑の候で危険な状態になったといわれたが少し回復した。ところがまた「水気」が発したとあるのでむくみが出たのだろうか。とても全快は望めないとされ国元で養生するようにと、十月二十二日に江戸から通し駕籠で帰郷することになった。道中一九日もかかり十一月十日に在所に着いたが、長旅がこたえたのであろう、十五日に死去したという知らせが親元や口入衆から江戸店に届いている。せっかく帰郷しても、忠兵衛は数日しか故郷の風に接することができなかったのである。

〈中村幸右衛門（二六年）〉　安政四年（一八五七）十二月ごろから腹部が痛み、胸の下のつかえが固いため、次々と二人の医者から薬を出してもらったがよくならず、食事が進まない。ときどきの腹痛を酒でしのいで出勤していた。勤めてから二六年目というのは、二三年目の最後の登りをすでに終えており、相当重要な役職についていたはずだ。現在なら部長クラスだろう。そのためキリキリと痛い胃腸を酔いでおさえて出勤するという無理をつづけたものと思われる。雨雪の厳しい暮になると腹痛が堪えられないようになり、胸の下が板状の「関格《かんかく》」の症となったので、三人目の医者にかかり、熊の胆の薬や灸治などをしたが、その甲斐もなく安政五年（一八五八）二月六日に病没した。

安政期にはコレラなど外国の病気が日本に流行したらしく、安政三年（一八五六）には前述の服部忠兵衛を含めて一二人が死亡している。

江戸での養生

軽症の者や本人の強い要望、あるいは家族の願いなどによって病気登りとなった人びとは上方に帰郷できたが、ほとんどの病人は江戸に留まって闘病するしかなかった。

眼病の治療や接骨など特殊なものは医師も限定されたらしいが、疥瘡・風邪・脚気・疱瘡・腹痛などの多数の病人の対応にはあいついで医師が招かれた。多起安良、溝部有山、湯川安道など一〇人以上の医師が出入りしている。痔病には畑中善良が何回か来診した。薬礼がだいぶかかったようで、嘉永三年（一八五〇）四月には溝部有山に膏薬代《こうやくだい》改正を掛け合っている。ただしほっとするのは、勤務年数の長短や子供・若衆《わかいしゅ》・手代の階層の差、表と台所の労働内容の違いによる手当の不平等は記録によるかぎりはみられないことである。ただし、医師の格づけ相違はあったかもしれない。

病人たちが店内のどこに臥《ふせ》っていたのかは不明である。日本橋店のなかには「落間《おちま》」と呼ばれた空室があちこちにあったらしいので、おそらく不用の落間が病室にあてられたのだろう。ただし健康な人びとは介護にあたる余裕はないし、忙しい台所奉公人が湯を沸かし煎じ薬をこまめに作ってくれたとは考えられない。

たまに店以外で療養できた者もいた。安政五年（一八五八）八月上旬から風邪になった七年池井仁右衛門は、咳がはげしくなり二人の医師から薬を与えられていた。親類に銀座弥左衛門町居住の須原屋十五郎という人がいたのでそこに知らせたら、引取って世話をしたいといわれ、重役に願って養生につかわしたという。しかしその甲斐もなく同年十一月三日に死亡した。

白木屋の深川にあった蔵屋敷が養生に使われた場合もある。二二年藤田善兵衛はそこへ長く養生に行き、いろいろ薬を服用したがいっこうに快くならず、国元養生となり上方に帰っている。

幕末のことだが、二七年目に暇をとった白井孝七は店無人のため文久三年（一八六三）に再勤となった。ところが五月ごろから「カッケイ」（脚気か）となりだんだん重くなったので六月ごろから深川蔵屋敷に養生に出かけた。いろいろ手当したが助からず、八月に六十三歳で死亡したという。

両人とも長年奉公した人物であり、忙しい店内でない蔵屋敷養生はましだったと思われるが、介護の人手があったかどうかはわからない。

集団家出と乱暴

家出の場合、多くは独りでそっと抜け出すが、事情によっては複数で飛び出すこともあったらしい。天保十一年（一八四〇）三月七日に家出した八年川村久兵衛と七年小林左右衛門は、勤務年数からみて若衆《わかいしゅ》だったのかもしれない。二人は子供のときから心得違いのことがあったが、意見をきかず以《もっ》ての外の行為とあって、家法のとおり申し渡されたら家出してしまった。国元に問合せたら帰宅していたという。ほぼ同年の仲間として二人は行をともにしたのだろう。

安政五年（一八五八）七月十五日夜には、若い手代だろうか一三年田期亦右衛門、一〇年桑原六右衛門が一緒に家出している。この二人については「俄《にわか》に変心」と記してあるだけだ。諸街道はじめ心当りを探したがまったく行方不明のままだった。

本人の不始末のためだけではなく、時期により店内に何か不満が充満して家出する風潮があったのかもしれない。安政五年（一八五八）九月八日には一二年松井幸兵衛、九月十二日に一七年台所政八、十月四日に一二年本多伝兵衛が「俄に変心」して家出している。もちろん独り日も違うし、同じ境遇であったとはいえない三人があいついで姿を消した。もちろん独りで家出した者はずっと多い。

家出どころではなく店内で乱暴をはたらく者たちもいた。江戸で打ちこわしその他騒動が起こったのは慶応二年（一八六六）五月であるが、店内でも争いが生じている。一〇年一人、九年二人の手代ないし若衆《わかいしゅ》の二人にいろいろ不埒《ふらち》のことがあったが、奉公人が少なくなっていたので見逃されていた。店外不穏の空気の影響もあったかもしれない。その様子に奉公人たちはますます増長し、六月五日の夜更《よふ》けに多人数で乱暴をはたらき、上司に手向かいして手がつけられなかったという。今までおとなしく目上の者のいうことにしたがっていた若い手代や若衆の反抗に、上役の者たちは動転したらしい。何か現代の状勢をしのばせる事態である。単に店内の様子を探るだけでなく、江戸府内や各地の状況や事件との関連を調べなければならないだろう。店内の処置としては、こうした不届な者たちは家法の乱れになるとされ、取調べのうえ、「本岡印」として解雇、登りを命ぜられて一件落着となっている。

白木屋江戸店奉公人の病死者たちは江戸の地に眠った。「万歳記録」によれば浅草の満照寺と渋谷の東北寺に葬られている。時代により柳嶋長寿寺と関係が深かったこともあった。人数的には天保期（一八三〇～四四）以降は満照寺のほうが多いようだが、地理的な近さもあったのだろう。もっとも死亡者全員の寺が記されていないのではっきりしたことはいえない。

葬いと墓

この二寺にはすべて土葬で埋葬されたらしい。ただ嘉永六年（一八五三）十月四日に死亡した二五年八田太兵衛は東北寺で葬式をしたが、国元兄弟たちの願いにより火葬だったと註記されている。火葬はこの一人だけだったようだ。二寺にどのように振り分けたのかは不明である。勤務年数や表《おもて》・台所の違いは問題なかったらしい。

墓は個人的に造ることが難しかったようだ。嘉永六年（一八五三）四月二十日死亡の三二年支配役二人目森岡多七は東北寺に葬られたが、その場合だけ墓が造られたらしく、「万歳記録」に高さ三尺五寸の図が記録されている。それと並んで、「当役」の高さ四尺二寸五分の石塔の図がのっているのは、トップの店預り人の墓を意味するらしい。「当役」や残りの支配役たちには墓を設けることが許されたのであろう。

多七の葬式には、店から参列者七人、役僧一人、納所《なっしょ》（会計や庶務を扱う僧侶）がつき、当日雑用料として六〇人分金二両が支払われている。物品として白米一俵、酒一樽、醤油一樽が当日用に計上されているので、のれん内《うち》や知人を含め大勢が参集したようだ。諸種の費用を含め総入用は金九両一歩余におよび、当役はおよそ一三両必要だったらしい。

三井越後屋では店の費用で奉公人死者全員の名を彫った総墓《そうばか》と呼ばれる石塔を次々と造ったが、白木屋はどうだったろうか。文久三年（一八六三）九月の記録に、満照寺の「大村家家内衆中霊名石塔」が大破したので、店奉公人全員が出金して一七両余で新規石塔一基と、旧石塔三か所修復をした旨があるので、総墓ではなくとも死亡者全員の供養石塔があったらしい。他の江戸店でどうだったかは寺々の墓を調べるしかないが、寺そのものが消滅しつつある現在ではきわめて難しいだろう。

店無人への対応

「万歳記録」は店内の動静を記した記録だが、その外部には幕末の動乱が渦まいていた。黒船来航以降の諸外国との接触、尊皇攘夷の抗争は武士・草莽《そうもう》層だけの問題ではなく、町にいた人びとや農民ら一般の人びとを直撃した。嘉永・安政期（一八四八〜六〇）に数多くみられる病気・死亡の状況からも、海外からの疾病流入がうかがわれる。また以前にはそれほどみられなかった家出や、不埒な所業とみなされる奉公人たちの動態が描き出され、店外の動乱が若い奉公人たちに色濃く反映していたことがわかる。

　白木屋江戸店《えどだな》重役たちが三井家一族や京都本店《ほんだな》運営陣のように、政争に巻きこまれることはだいぶ後の維新期近くだったかもしれないが、嘉永・安政期には深刻な奉公人不足になやむことになる。なにしろ短期間のうちに病気・死亡・家出があいつぎ、農村部も揺れ動いたから暇を願い出て出身地に帰郷する者も少なくなかった。江戸店重役たちはこの店内人不足を補うため、新たな対応策をとるようになる。従来の規則では、いったん退職した者の再就職は認めず、本店と江戸店の人事交流もなかった。本店の意向もあってか、安政期（一八五四〜六〇）以降人不足のため諸種の店則変更があったらしい。

　安政五年（一八五八）十月には、江州宝村の柴田喜三郎、同州国友村の上崎庄助、同州西野村の松井半右衛門の三人が、日本橋店無人のため再勤するよう京都本店から命ぜられ、八日に江戸に着いている。何年江戸店に勤務し、どういう事情で退店したかは記されていないので、年齢層やかつての地位は不明だが、いったん近江に帰郷していた者の再勤がこのころから認められはじめたらしい。

　安政六年（一八五九）三月五日出立《しゅったつ》の谷村弥兵衛は、「老分衆」であったというから、京都本店勤めの重役だった可能性があるが、店無人であるからと下向《げこう》を命ぜられ、江戸店で働いていたらしい。だいぶ老齢だったからか、日数がたったからと、上方へ帰ることになった旨が記載されている。本店老分衆ということは、現在でいえば本店重役が支店に天下りしたのに近い人事だったといえるのではなかろうか。他の企業からの移動は当時はありえないので、自店内でのやりくりで切り抜けようとしたのだろう。

慶応の打ちこわし

幕末の江戸庶民動乱として慶応二年（一八六六）五月〜九月の打ちこわしは有名である。江戸では、享保期（一七一六〜三六）・天明期（一七八一〜八九）と十八世紀に二回打ちこわしがあったが、慶応二年には前と比較にならない大規模な事件となった。「万歳記録」ではないが、私が最後の勤務先とした江戸東京博物館所蔵の「石井良助文書」により、江戸店諸店の対応策を見てみよう。

この年、江戸では急激な米価高騰があり、その日暮らしの人びとは粥《かゆ》もすすれず飢えに苦しんだ。農村や山里なら草の葉や根をあさることもできるが、裏長屋住いで薪《たきぎ》ひとつまわりでは手に入らない庶民層は、幕府によるお救いや、富商からの施行《せぎょう》に頼る以外はどうにもならず、乞食になるか飢え死しかなかった。追いつめられた人びとの最後の手段が打ちこわしである。

そのうちの一端として、五月二十九日の記録をあげてみよう。本芝《ほんしば》辺で人集めの太鼓が響いたと四、五百人が集まり、同所から芝一～三丁目の米仲買や搗米屋《つきこめや》を残らず打ちこわした。さらに芝田町《たちょう》一～六丁目まで打ちこわしたが、七丁目で市中見回りの酒井家人数に出会ったのでひるんだ。しかしその人数が自身番《じしんばん》に詰めたのでそこから跡に引返し、西応寺町からは米・呉服・薬種・酒醤油・薪炭《しんたん》・油と諸商売の家や富家を打ちこわした。浜松町四丁目より二丁目はとくにはげしく打ちこわし、中門前浜松町四丁目より二丁目まで打ちこわした。先だって火事にあって焼失した町は除き、その余には乱暴におよんだ。

これは芝から浜松町までの範囲であるが、その他江戸の町方各地で千から万単位の人びとが毎日押し歩いたという。これまで取り上げた日本橋・京橋・神田辺はもちろん、江戸城周辺まで騒がしくなり、幕府は市中見回りのため大名の家中や鳶《とび》人足まで動員してこれを押えようとした。記録には江戸城中の動きや奉行たちの対応、町人たちの種々の「せりふ」やざれ絵などもあげられている。

せりふ　米は飛び　酒樽ひるがえす世の中に
　　何とて上《かみ》は　つれなかるらん
反物縞《たんものしま》がら　大名横しま　役人はかすり　町人は絞《くび》れ

といったぐあいである。

富商はみな打ちこわしを恐れ対応策をとったが、主人が江戸在住の場合と江戸店では仕方が違うような気がする。「石井良助文書」中の例をあげてみよう。

仙波と松坂屋

芝田町八丁目に仙波《せんば》太郎兵衛という大富豪がいた。江戸旧来の豪商で当代は「江戸十人衆」の一人といわれていた。諸民窮迫の節に施しをする家が多いのに、慈悲の心がなく居町の人への施行がまったくないので、仙波をめがけて打ちこわしの人びとが五月二十九日に田町八丁目に押しかけようとしたところ、前にのべた市中見回り酒井侯の人数とぶつかった。そのため人びとは引返したので仙波は助かったわけだが、今度は浪士ならと新徴《しんちょう》組《ぐみ》に頼み込み町内警護に当らせた。酒井侯にも頼んだが断わられてしまう。同日夜に仙波宅の門前で多人数がののしり、次の張紙をした。

小車《おぐるま》の巡《めぐ》る因果《いんが》の浜仙波《はませんば》、壊《こわ》してよしと思ひしらせん

その後も不穏の状態がつづいたので仕方なく町名主支配一三組に一軒別金一歩ずつ施しをした。

仙波のやり方に対し、芝口《しばくち》の松坂屋については次のようにのべている。

打ちこわしの大群がきたとき、支配人一人が店前に出て、〝今日近辺の町々へ施行を出

しはじめているので、出し切りまで待ってほしい、店のかざりは片づけないで平日通りにしておく、おわいおわい〟と高声で呼びたてた。打ちこわし人や見物人数万人ももっともだと差しひかえ、交渉となる。その結果打ちこわしの印《しるし》にと、表間口の鉄入格子戸《こうしど》ひのき一寸五分角をこわすだけに終った。支配人一人だけしか表へ出ず、平日通り〝おわいおわい〟（呉服商の呼びかけか）の掛け声だけの対応とは、軍師もおよばぬ妙算、神策だと評判しきりだった。

見物数万人はオーバーないい方かもしれないが、名代の松坂屋とあってめがけた人が多かったであろう。支配人の機転もあったろうが、主人ではなく世故にたけた奉公人だけが運営している江戸店は、被害を最小限にとどめるため必死の策を考えねばならなかった。

江戸店の施行

大店《おおだな》とみなされた富商に対する下層の人びとは、羨《うらや》みを示し自分たちへの対応を期待する。幕府や諸藩も庶民に対して諸種の救恤《きゅうじゅつ》策をとらねばならず、江戸町方でお救い小屋設定や施行《せぎょう》をしなければ餓死者・乞食・行倒れ人続出という事態がしばしばみられる。この慶応二年（一八六六）の打ちこわし騒動はそれまでのやり方ではどうにもならない状況であり、大店の多い江戸店では大がかりな施行をせざるをえなくなった。

「石井良助文書」中の、「米穀諸式高値に付き、町々ならびに自分抱の地面地借・店借の者へ施行」と題した記録には、五〇件にのぼる施行があげられているので、以下その一部を紹介しよう。なかには前述の仙波太郎兵衛も含まれているが、この家からは一三ヵ町へ金二歩、または一歩ずつ施行したと記されている。

○通一丁目　白木屋彦太郎　居町近辺一〇ヵ町、一軒ずつに金二歩ずつ施行
○駿河町　越後屋八郎右衛門　八ヵ町一軒別金三歩ずつ、外出入町人一人へ金一両ずつ、三店でおおよそ九八〇軒に渡す
○通旅籠町《とおりはたごちょう》　大丸屋正右衛門　出入の者へ金一両ずつ、隣町まで金一歩ずつ施す
○新川　鹿島清兵衛（酒問屋大手）　五ヵ町一軒別に白米一斗ずつ、出入六〇〇人へ同断
○通一丁目　黒江屋太兵衛（木綿問屋柏屋別店）・須原屋茂兵衛・国分勘兵衛（現国分㈱）居町隣町まで、一軒別に金三歩ずつ施す

大丸屋正右衛門・鹿島清兵衛・黒江屋太兵衛・国分勘兵衛はいずれも上方に本店があり、ここにあげられているのは江戸店である。その他にも店名からみて江戸店と思われる大店がここにあげた店々と同じような施行をしている。米を出したのは鹿島清兵衛ほか一軒があった。

江戸店だけでなく、仙波や三谷三九郎のような江戸根負いの豪商や廻船問屋グループ、酒屋・米屋・大工組合、芝高輪《たかなわ》の泉岳寺など諸種の人びとが施行をしていたことがわかる。

明治前期の変動

「万歳記録」を中心に

明治三〜七年の白木屋

明治初期の状況

「万歳記録」は慶応三年（一八六七）の記事として、知人の悔みにかんして一件あげてあるだけで、それ以後は明治三年（一八七〇）七月まで無記載である。江戸〜東京での政争や政権交代のあった激動の時期だが、店内での奉公人の動きがはげしすぎて記録の余裕などなかったのかもしれない。慶応二年（一八六六）までの記述からも、容易ならぬ状況に追いこまれていたことがわかる。

明治初年については、三年七月より七年三月までは従来と似た方式で奉公人一人一人について動向が書かれている。江戸時代と大きく違うのは、明るい側面として取り上げてみようと思う奉公人が皆無に近いということだ。わずかに明治三年（一八七〇）八月、一八年小嶋喜右衛門が国元での相続筋のため永暇《ながのいとま》願を出し、聞済となりめでたく出立《しゅったつ》できたのと、明治六年（一八七三）の川田久右衛門の二人だけがまあまあといったところである。喜右衛門は年寄衆二番目の役職で退役した中堅手代であって、以前のように二〇年以上勤役とか、トップクラスまで進んで隠退したという例はない。

一九年川田久右衛門の場合をみても、当時の白木屋は奉公人不足で困っていたらしい。やはり国元相続筋のため久右衛門は先年以来から再度永暇を願い、いったんは帰国したらしい。しかし店無人のため明治五年（一八七二）八月に帰店を命ぜられた。久右衛門は国元から長患《ながわずら》いであるから永暇をいただきたいと口入人《くちいれにん》の添書きを付けて願書を出した。翌六年四月一日に日本橋店に帰っているから、重い病気といった状態ではなかったらしい。しかし退店の意志が固いとみられたのか、永暇が認められ四月十六日に店を出立した。

子供の帰国

近代初期にも子供で退店を迫られた人びとがいた。明治五年（一八七二）八月に二年中川宇吉が「疳《かん》症」のため、将来とても若衆にまでなれないだろうという理由で、病気登りの名目で退店させられている。勤めて二年目の少年だから、現在の中学生ぐらいの年齢だろう。理由からみて、怒りっぽい性格だったのだろうか。このような事情で病気登りになった例はそれまでにない。

三年藤田増吉は宇吉より一年前に入店しているが、ほぼ同じ年ごろの少年だろう。増吉に対しては記述者は手厳しい評価を下している。この者は「大キ印」とまず書いてあるが、キ印の隠語は前には出てこなかったので意味はわからない。もちろん現在使われている言葉とは違うので、〝箸にも棒にもかからない〟とでもいったところか。つづいて、算筆は申すにおよばず、何もかにもできず、もってのほかの「利調物」がたびたびあったというから、不正なことをしたのかもしれない。これではとても使いものにならないという理由で、やはり病気登りを明治六年（一八七三）に命ぜられた。上方出身だったのか、梓村の小谷嘉右衛門が国元での養生に出かけるので、同道で登《のぼ》している。

この二人のように本人の意志ではないのに辞めさせられた者と違い、店を飛び出した少年たちもいた。五年青木徳松・同年青木猪三郎の二人は苗字が同じなので、同じ地域から入店した仲間だったかもしれない。記述によれば、前々から「悪心」を起こし、店の様子を見て家出をしそうになったので、いろいろ意見を加えたら、それぞれ承知したように見えたのでいったんは安心していたという。辛い境遇のなかで話し合っていたのだろう。明治五年（一八七二）四月二日に揃って家出してしまった。国元に帰ったらしく、口入人浜田から国元登せにするという知らせがあった。これといって「利調」（不正か）もないのでそのままにしたという。

手代の解雇

この期に目立つのは勤務十数年代手代の実質的には解雇にあたる永暇《ながのいとま》である。四人の例をあげてみよう。

〈一五年小林政七〉　表向きは政七から国元相続筋のためと、明治四年（一八七一）春に永暇を願い出た。店では願を聞届けた形にしているが、半病気登り同様に扱っている。というのは、政七は少し気立《きだ》てが悪く、ゆくゆく店のためにならないと判断されたからであった。この時期には餞別が出るような「目出度御暇《めでたくおいとま》」はないが、病気登りには以前でも何も与えられていない。明治四年五月二十七日出立。

〈一六年宮本定七〉　定七も政七と同じ理由で永暇を願った。年齢もほぼ同様で、出立も同期と思われる。定七は「立もの役」（裁物役か）だったらしく、勤務中心得違いの傾向があったうえ、同席の坂本伊右衛門とときどき口論したらしい。とても先行き見込みがないと、〃人少な〃の時節にかかわらず繰合せて登すことになった。

〈一八年坂本伊右衛門〉　定七とも口論した伊右衛門には、もっと厳しい評価が下されている。平生の勤め方が未熟であること、性悪で同席の者との言合いが止むときがないことなどが重なり、下役に対しても困った存在だった。そのため、伊右衛門には永暇を店から命ぜられた形で、政七や定七のように永暇願いが許されたわけではない。扱いも病気登り同様だった。明治五年（一八七二）八月十日出立。

〈一二年西村多兵衛〉まだ手代になったばかりの青年だったらしいが、売場役勤務中、一〇〇両もの引負金《ひきおいきん》をつくってしまった。ここでいう引負というのは、掛売り損金といった単純なものではなく、不正な使込み金だろう。他の史料によると、掛売り先から代金をもらっているにもかかわらず、店にはまだ未払いといいわけし、その金を着服する手代たちが跡を絶たなかったらしい。さらに多兵衛は謀判《ぼうはん》とみなされるような贋《にせ》印まで用い、不届千万、言語道断とあって、家法により台所人の善吉を見張りにつけて登したという。行方をくらまされたら困る奉公人には、同道者つきで登すことが家法で定められていたのだろう。この時期の「万歳記録」でこうした措置がとられている者は多兵衛だけである。国元では口入人小兵衛が厳しく引負金を取立てたらしい。明治六年九月三十日出立。

台所人の退職

台所人は中年奉公だが、明治初年でも上方出身者が雇われ、かなり長く勤務する者がいたらしい。なぜならやはり登りをみな命ぜられているからだ。

明治四年（一八七一）三月に登《のぼ》り願《ねがい》を認められた一二年横井万介は台所一番親方を勤め

ていたが、国元の両親が年寄りになったからと、跡目相続のため願を出した。店ではもっともであると願のとおり「結構」に仰せつけられたと記録にはあるが、横井万介の名前の上に、「少々不印」と註記されているので、問題が全然なかった人物とはいえないだろう。

七年台所寅吉は手代たちと同じく、相続筋を理由に永暇《ながのいとま》を願った。そろそろ親方役になれる年ごろだったらしいが、はなはだ気立てが悪いので、在店させたらかえって不都合なことも起こるかもしれないとの判断で、半病気同様の扱いとなっている。明治六年二月出立。

本当の病気登りもいた。三年台所久七は明治五年（一八七二）春ごろから瘡毒となり、引籠って服薬したがいっこうによくならない。六月上旬からはむくみも出、とても勤務をつづけられないだろうと、六月二十七日に親元へ病気登りさせたという。

以前の家掟が改訂されたのだろう、六年台所善七はいったん短期の帰国が許されたらしい。ところが国元で病気になったといってきた。明治六年十月晦日に店を出たのに、翌年二月八日に帰店したというから、かなり長期の休みをとったことになる。他への示しがつかないとすぐに永暇を命ぜられた。平生の勤めぶりもあまり上出来ではないとあって、一晩店に泊っただけで翌九日に出立させられてしまった。

引負金

手代の家出はあいかわらず起こったが、この期は引負金額《ひきおいきんがく》がみな記してある。やはり若手で手代に昇格してからそうたっていない人びとが多い。五人の例をあげてみよう。

〈一二年松本新兵衛〉　売場役だった新兵衛はいろいろ心得違いがあり、「松前衆」そのほかに対し、非常に未熟な勤め方をしたという。松前衆がどういう性格のグループだったか不明だが、蝦夷《えぞ》（北海道）を江戸時代に支配していた松前藩に関係のある商人たちかもしれない。明治初年には五稜郭《ごりょうかく》をめぐって北海道は大乱になっており、新兵衛の相手が松前藩関係者だったなら、江戸在住商人たちも商売の話などできる状況とは思えない。とにかく新兵衛は売場役から元方会所中役に転勤となったが、明治五年（一八七二）四月に家出してしまい、さっそく諸所を調べたがとんと行方がわからない。売場の帳面を取調べた結果、松前その他所々の得意から受取っていた払い金を使いこんでいたことが判明した。店では驚いて書面で国元の口入人に三五〇両ばかりある引負金のことを知らせている。

〈一一年藤本忠蔵〉　忠蔵もやはり上方出身者だろう。奥二番売場勤役中、新兵衛と同じく未熟な勤め方だったというが、明治五年（一八七二）五月に家出した。あちこち調べた結果、東海道の戸塚宿中村屋に止宿しているのを見つけ、すぐさま取調べると若年にもかかわらず案外多額の遣いこみをしていた。引負金三〇〇両余というから、手代になったばかりの身でと店でも問題になっただろう。国元の口入人に申入れをしている最中、またまた家出をしてしまった。

〈今井弥七〉勤務年数不明の弥七は売役だったが、同じころ家出をし店では小田原宿まで追手を出したが行方不明。仕方なく国元口入人速水安兵衛に厳しく引合中だが、引負金は五〇両ばかりだったというから、新兵衛や忠蔵にくらべれば罪は軽い。

〈七年出口久右衛門〉勤務年数からみて若衆《わかいしゅ》だったと思われる。ふだん「満心」の様子がみえ、明治五年（一八七二）七月中に身持が悪いという理由で取調べたところ、引負金が四〇両余あった。さっそく口入人に引合をしたが、差控えさせておいた久右衛門は家出してしまった。

〈一二年田中喜兵衛〉喜兵衛は二つの売場を担当させられていたらしい。いつも大酒を好み、動向が非常によくないと周囲の者が気をつけていたところ、諸々の得意に帳面なしで商品を売りさばいていた。すぐさま取調べると、存外の心得違いをしでかしており、無帳合で数々のごまかしをはたらき、引負金も二〇〇両ばかりにおよんでいた。ところが口入人の芳賀氏の住所がわからず、催促することができない。仕方なく端文右衛門「様」に引合方を頼んだらしい。様つけなので本店関係の者かもしれない。ただし、喜兵衛はこうした取調中に出奔したという。明治七年（一八七四）一月十五日だった。

病気・死亡

子供のなかには本当の病気登りもいた。三年鈴木寅之助は明治三年（一八七〇）十一月中旬から節《ふし》ぶしが痛む病気に悩んだ。医師溝部の薬で少々元気になったので、一同安心していたところ、四年三月上旬ごろからまた再発し、三人の医師に願って薬を出してもらって手厚く看護したというから、当時としてはよく面倒をみてもらったといえよう。ところがいっこうに全快の様子とはならない。仕方なく奥向きに願い国養生に遣わすことになり、四月二十一日に店を出立した。

死亡にいたる子供もいた。二年白石辰次郎は「ネツ病」となり、引込んでいろいろ服薬したが養生がかなわず、明治三年（一八七〇）七月二十九日に病死したという。「ネツ病」とあるだけなので、詳しい病状はわからない。

明治三年（一八七〇）夏にもう一人ネツ病で死亡した者がいる。一一年中村喜七も七月下旬ごろからネツ病で寝こんでいたが、にわかに大病となりいろいろ服薬させ手当したが、どうにもならず八月三日に死亡したという。ほとんど同じころなので、伝染したのかもしれない。

二年吉川勝次郎は奥座敷勘定の中付役をしていたというから、奥座敷勘定役手代の後で小間使いのような仕事をしていたのだろう。蔵から見本の織物を運んだり、お茶・煙草盆の用意をするため、子供がそれぞれ手代の後に控えたが、勝次郎は勘定役手代の用をする子供だったと考えられる。ところがその仕事中に頭痛を起こし、すぐさま引籠りいろいろ養生したが、かえって重病となり高熱を発して苦しい有様となった。二人の医師から薬をもらったが、幸い親金右衛門が本門緑町のかつて西国大名だった藤堂家に勤めていたので、同人に引渡し養生させた。明治七年（一八七四）初旬だから、廃藩置県後であり藤堂家がそのときどういう立場にあったか不明だが、親が東京勤務のため勝次郎は親元で養生できた。しかし介抱の甲斐なく明治七年一月九日に死亡したという知らせが店に届いている。白木屋から金五両を送り、三七日過ぎに祝儀五〇〇疋と古着などを遣したという。

それにくらべると、明治五年（一八七二）六月十四日死亡の三年台所岩吉は病状がはっきりしている。岩吉はとかく不養生で大酒を好み五月中から病体となり、六月十一日に傷《しょう》寒《かん》（腸チフスか）という見立てで医師二人から投薬されたが、十四日に死亡した。医師は溝部有山・湯川安全という漢方医で、江戸期と変らない出入がつづいている。

周辺では種痘

明治三〜七年（一八七〇〜七四）の記録では、白木屋の病人はまだ江戸時代以来の漢方医にしか診療されていないが、周辺では洋医の働きが始まっていた。民間でその動きがみられるのが種痘である。ジェンナーによる牛痘の卓技性の情報は十八世紀末のイギリスから始まり、日本にも幕末にすでに伝わっていた。安政五年（一八五八）五月には神田お玉ヶ池種痘所が設けられているから、日本橋から遠くないところで種痘が実施され、それを支える洋風医学（蘭方医が多かったらしい）を学んだ医師がいたはずだが、「万歳記録」には蘭医にかかった記述はない。

ただし、明治二年（一八六九）には東京の町々で種痘の動きがみられる。両国の江戸東京博物館所蔵「石井良助文書」中に、明治初年の「御触《おふれ》帳」がある（二〇〇二年、同館から史料叢書として刊行）。御触というのは、幕府や藩が広く人びとに触れ知らせた告示である。江戸では庶民に知らせるため町の組織を利用して、順送りに「御触」の書類を町々に回した。町役人がそれを写し、次の町に送るとともに、自町の裏長屋すみずみまで口伝えで知らせることが命じられた。この方法は明治の新政府も当面はつづける必要があり、町の組織や町役人制などが変ったにもかかわらず、しばらくつづいたのである。

この「御触帳」の明治二年（一八六九）八月の頃に、生れてから七五〜一〇〇日間に小児種痘を施すようにという布告がのっている。東京内各地に種痘所を設けたこと、以前の触では一人当たり三〇〇文の費用をとるといったが以後はただにするとされている。日本橋近辺では、京橋から北側の町々がひとくくりにされ、両国や浅草・湯島・根津・金杉《かなすぎ》三の橋まで同じ種痘所に行くよう布告された。後には強制種痘となるが、二年の段階ではそこまでいっていない。

当時の通貨

引負金《ひきおいきん》の金額は両で記されており、通貨にかんしては、江戸時代と何も変化がなかったようにみえる。明治初年の販売方法は江戸期と大きな相違はなかっただろうし、末端手代の不正も似ていただろうから、記録にはただ引負金が何両余として記載されているだけである。しかし、この明治初年は通貨制度に大揺れがあったころである。帳面上は以前と同様金銀貨で販売されていても、小間物《こまもの》その他現金売の販売もしていた呉服・小間物問屋白木屋で、通貨はどのように扱われていたのだろうか。

「万歳記録」にはまったく登場しなかった金札は白木屋のような大店にはあまり関係がなかったのかもしれない。明治元年（一八六八）閏四月に明治新政府から発行を布告され、五月から通用実施となった通例「太政官札《だじょうかんさつ》」と呼ばれた金札紙幣は、金銀銭三貨とはまったく異なった通貨である。前にのべたように、幕府統制下の三貨使用に馴れていた江戸・東京の人びとにとって、紙幣通用は寝耳に水の事態であった。正貨との交換を認めない金札は信用されず、一〇両・五両・一両・一分・一朱の五種類紙幣が発行されてもその価値は大きく下落した。

正貨を鋳造したくても、材料となる鉱材や旧貨を調達できない新政府は、いろいろな方法で金札を諸機関や民間に貸付けて通用を強要する。最初は金貨と同じ価値としたが、実際にはだめとわかって金札一〇〇両を金貨四〇両とみなすことを認めたりしている。不評なため、最初は一三ヵ年間通用としたのを五ヵ年に縮め、明治四年（一八七一）一月には新紙幣を発行して金札と引換えることにした。結果的には五年から十二年にかけて金札は回収されたが、「万歳記録」記載の明治初年期はその事態の最中だったはずだ。それについての記録がまったくないのは残念である。

江戸期との比較　最初にのべたように、この期の記述の仕方は基本的には江戸時代と同じである。内容はいくらか変化しており、その状況はすでに説明したが、最後にまとめてこの明治初期のあり方を江戸期と比較しておきたい。

「万歳記録」は店内の動きを個々の奉公人を通して見ている記録であるため、外部の激しい動乱は間接的にしか読みとれない。そのなかで次のような変化がみられる。

①永暇《ながのいとま》願の理由　江戸期と違い、ほとんどの者が永暇という退職願の理由を「国元よんどころなき相続筋につき」としている。変動期なので国元で相続人が必要とされるような事態が起こっていたのかもしれない。もっとも全国に徴兵制が敷かれたのは明治五年（一八七二）末であるが、その影響があったかどうかは不明である。

前述のように、この期に取り上げられた奉公人は子供や若手手代たちであり、江戸期のようなベテランはいない。幕末期の人少なの傾向はいっそう強くなっていたようだ。ただし、ベテラン級の手代は店を去ることはできなかったともいえる。数は少なかっただろうが、とにかく、手代の病人・死人はいない。

②引負金の取立て　「明鑑録《めいかんろく》」という史料によると、天保期以降奉公人が使込みをした金額その他がわかるが、それを国元の口入人を通して回収したという手段はとられていないようだ。「万歳記録」の江戸期もそのような記録はない。明治初期になると、不正をはたらいた奉公人たちはそれぞれ引負金額が調べられ、すべて口入人を通して弁済を迫られたらしい。今まで口入人について調べた研究に接したことがないので、雇入れにあたってどういう人物が動いていたかを知る必要があると思った。

明治十六年の白木屋

「万歳記録」の変化

明治七年（一八七四）三月以降、「万歳記録」は同十五年（一八八二）まで無記録である。日本橋店は慶応二年（一八六六）十一月に火災にあい、仮普請《かりぶしん》のまま営業し、明治十一年（一八七八）十二月に本建築の店を完成させるという状況であった。維新の荒波のなかで、京都本店でも当主の死亡、少年の相続人が東京のいとう松坂屋へ奉公人として入店、白木屋店法の全面改正と大きな変動があったのだが、その間のことはこの史料によって見ることはできない。詳しくは「古今記録帳」によるほかないが、ここでは「万歳記録」にみられる店員の動向変化に的をしぼりたい。

記録は明治十六年（一八八三）の一年間に限られている。やはり個々の店員についての記載が中心だが、勤務して何年目という江戸時代からつづいた肩書きは、五月の台所人一人を除いて四月で消える。新店法では旧来の年功序列は問題にされなくなったのかもしれない。ただし、台所人はそのころまではいたようだ。

長くつづいていた上方からの下り奉公人のあり方は残っていたようだが、退職者が帰郷を命ぜられているのは十六年初期の数人であり、店内外の行動に対しての罰則も四月半ばころから大きく変っている。

その意味ではこの記録は、店員に対して扱いを大きく変えた実態を示すものとして興味深い。『白木屋三百年史』年表によれば、明治十年（一八七七）二月一日に「店法を改正、従来の役向を一切廃止する」とあり、白木屋の本店機構も東京に移りつつあった時期と考えられる。十代白木屋彦太郎が父の隠居後六歳で家督相続し、出京したのが明治七年で、十二年の父没後、十五年に松坂屋に修業奉公に入店、支配人に神鳥半兵衛が明治七年～四十三年（一八七四～一九一〇）まで就任と支配陣のあり方は旧来と大きく変ったが、末端の店員にまで変化がおよんでいたためこの記録が遺ったのではないだろうか。

明治十六年の白木屋

「万歳記録」明治十六年（一八八三）の二月十日付けで記録されている台所人二人については、明治初期とあまり違わない手法で解雇にいたっている。七年台所栄七は永暇《ながのいとま》願を出したが、理由は国元相続筋であった。願は聞届られ、出立できることになったが、店の評価では、この男はごくごくつまらぬ者で、店においてもためにならないとされている。

二年台所粂吉は小谷嘉右衛門が国元から連れてきて、ぜひ奉公をしたいと願ったため入店を許した。ところが存外の大心得違いをし、「仕立物も取」ったと記してあるので、台所人としては手を出してはいけない表《おもて》奉公人と似た行動をとったか、あるいは表奉公人と結託して不正をはたらいたのかもしれない。非常な「ふ印」であると解雇されたらしく、栄七同道で下した（この時期には〝登り〟ではなく、上方へ行くのは〝下り〟だったらしい）という。

再勤六年目の堀田卯兵衛は、新店法による再勤を認められた店員だが、年齢はまったくわからない。前々から永暇を願っていたが、このたび願のとおり聞済となり、四月十五日にめでたく出立できた。ただし、記録には「上等の者にはこれなく、暇遣し候事」と最後にあることから、円満解雇といった形ではないようだ。

七年西村宇吉はどうも不出来な少年だったらしい。勤めて七年目になっても二年目の子供だったというから、丁稚《でっち》として役に立つような少年ではなかったようだ。関係者が来店したときに引渡そうとしたけれども、組頭衆がいろいろ願ったのでそのままにしておいた。しかし、なにぶん使い道もなくこのたび「大ふ印」となった。両親や親類もない少年なので、仕方なく伊勢松坂百足町の伯父小林金五方へ引渡したという。明治初期なら、親や親類もいない少年を口入人が紹介することはなかっただろう。前にあげた台所粂吉も、知人が連れてきて奉公を願ったとあるので、店員の雇い方も店法改正により変化したと思われる。ただ、伯父が上方にいたのだから、宇吉もやはり上方出身者だろう。本店のある京都での店員採用制が、江戸期と同じくこの年代にも機能していたかは不明である。

再勤店員　四月半ばに解雇された二人は異様ともいえるような事態を引起こした。その一人をまずあげてみよう。

〈再勤一四年山中重助〉　重助は安政三年初勤だったというから、明治に入ったころは二十歳をいくらかこえた若手店員だったと思われる。明治初年の「万歳記録」にも若手手代が大酒飲みだった例があったことは前にのべたが、重助は大酒を好むだけでなく、遊女に衣類や金を与えるなどあまりの「ふ印」に、店では致し方なく明治二年（一八六九）九月二十日に「附登」りさせた。明治初期の手代の解雇の項にあげた西村多兵衛が、不正のため登りにあたって台所人同道を命ぜられた例があったが、逃亡を防ぐため監視人付きという登り方法がとられるようになったのだろう。

その後種々難渋したので再勤したいと願出たが、店ではぜんぜん取り上げなかった。上《かみ》方《がた》からではだめと思ったのか、東京平松町の渡辺文吉という人を介して明治三年（一八七〇）二月に強く願った。「大ふ印」だからと店ではためらったが、仕方なく再勤を許した。ところが精々二、三年おとなしくしていた後は以前のとおり大酒飲みにもどってしまう。店でいろいろ文句を言ったし、国元の兄からも厳しい意見が書状で届いたが、ぜんぜん聞入れない。前年から酒のために腹がくさり、病院にやったのでいくらかよくなったが、入用金が三五円ほどにかさんだ。その後は奥二階にあげ、養生させるとともに禁酒を命じておいた。ところがまたまた不養生のため病院入りとなり、五円三〇銭も費用がかかってしまう。入店以来二八年も勤務した店員だが、これでは仕方がないと解雇されてしまった。

病　院

山中重助は明治初年までのように、胃腸を病んでも漢方医の投薬に頼らず病院に行ったり入院したりしている。病院という呼び方ではないが、大勢の患者診療にあたった施設として、享保七年（一七二二）に江戸小石川薬園に開設された養生所は著名だが、白木屋や他の江戸店奉公人には関係なかった。現在の病院に近い施設は、官営では幕末の文久二年（一八六二）に長崎でポンペの提案で開かれたものが最初らしいが、その後諸藩でも似たものがつくられたという。東京では、明治元年（一八六八）に横浜で設けられた陸軍病院が移ってきて大病院となり、東京大学医学部の前身に成長していくが、官営の権威を背景にしたこの病院に重助が入院できたとは思えない。

一方、私立病院として明治五年（一八七二）に日本橋に博愛社が設立されたから、重助が診療を受けたのは、地理的にみても同社だったのではなかろうか。漢方医だけにかかり、店内ないし蔵屋敷の一室で漢方の薬を飲んでばかりいた奉公人は、洋医には縁がなかったのだが、明治十六年（一八八三）ともなると病院に通うようになる。その当時の病院について一般人がどのような扱いを受けたのか知りたいのだが、「万歳記録」にはただ入用金がいくらかかったということしか記載がなく、細かな事情はまったく不明である。ただ勤めて一四年目という若手店員でも、当時としては高額の費用を払って通院・入院させた白木屋の対応は、江戸時代と同じく医療には手厚い措置をとったと評価してよいだろう。

ただし、店員によっては解雇・帰郷を命ぜられ、厳しい対応を受けた者もいる。汽船による送還という珍しい例もあった。

汽船で帰国

〈大河内元三郎（四年目）〉　元三郎は旧来なら子供の年齢層だろう。江戸時代なら元服を迎えるぐらい、現在なら中学校卒業期ぐらいの少年だったと思われる。元三郎はふだんから身持ちが悪く、まことに不づとめでとにかく店では困っていたという。いろいろ皆から意見をしたので、少しはよくなったとみられていた。ところがどうしてか心得違いをして、またまた上司にさからったため、これでは仕方がないとついに四月二十日に解雇を申し渡された。その夜、元三郎は庖丁《ほうちょう》を振り回して狂ったように騒いだので、取りおさえ厳しく申しつけたというから、縛りあげられたのかもしれない。いずれにせよ、国元帰しとなるが、旧来なら徒歩のところを、横浜港出港の鎌更丸という汽船で帰郷させることにしたという。

鉄道はまだ上流階級の独占物であり、東海道は明治十七年（一八八四）に上野―前橋間開通という未発達の時代であった。海運でも明治十六年（一八八三）ではまだ和船や風帆船（西洋型の帆前船）が横浜―大阪間で幅をきかせ、汽船輸送が帆かけ船輸送をしのいだのはトン数比較でみると、明治三十年（一八九七）ごろだったという。もっとも三菱などは汽船中心に海運を牛耳《ぎゅうじ》っていたから、運賃も安く利用できたのかもしれない。ただし少年とあって、独りでは船旅は困難とされたのか、浜尾の上町村上重右衛門「様」という知人に頼み、同道帰国ということになった。ところが元三郎の父は当時佃島《つくだじま》で終身懲役の身だった。今生の別れとみたのか、ぜひ一度父に会いたいと元三郎は歎願したが、不都合な願とされて実現できなかったらしい。どういう背景でこうした事態が起こったのか知りたいところである。

通告の仕方の変化

この大河内元三郎までは、店員への申渡しは旧来どおり口頭でされたらしい。なお、この記録担当者についても安政期まではどういう役柄の人だったか不明である。ただ、それまでの記録で、ある地位以上の人には「様」や「殿」をつけ、まったく敬称なしの人がいるので、白木屋内部の細かな役職簿があればわかるかもしれない。

安政六年（一八五九）以降になると、一人一人の取り上げた人物について「中川氏」とか「成田氏」といったぐあいに、誰が記述したか苗字が記されるようになる。大河内元三郎について記した最後には「稲葉氏記」となっている。

この口頭告示のやり方が変るのは明治十六年（一八八三）四月十五日からである。「万歳記録」に「茶の間板江吉広」と記述され、それ以後は日本橋店の茶の間に名前や規則に対しての店員の行為、罰則、通告などが張り出されたらしい。子供か一人前の店員であるかは、これまでのように勤めて何年目という肩書きがないので名前で判断するしかない。台所勤めかどうかも、台所三年目善太郎という人物に「告」として五月十三日に張り出されたのを最後にわからなくなる。

子供が従来どおり雇われたのは名前から判明する。しかし以前のように夜は子供全員が読み・書き・算盤《そろばん》を習熟するよう義務づけられていたのが、学校令施行以後変ったという事情変化があったのではなかろうか。明治十六年（一八八三）となれば、全国的に小学校教育がかなり普及し、どういう職業の家の子供も、白木屋に勤めることのできた少年はある程度字が読めたであろう。茶の間への告示を初勤の者でも読めるようになっていたことが前提にあって、こうした通告の仕方変化が生じたのではないかと考えている。

少年たちの罰　明治十六年（一八八三）に茶の間告示を受けた表奉公の少年たちは三人いる。江戸時代と同じく「子供」と呼ばれたかどうかはわからないが、名前からみて少年であったとみなされる人びとである。罰則も他の店員とは異なっている。〈村田周太郎〉周太郎は七月三日の夜にちょっとしたことで、帳面をつける役のものである槌《つち》でやはり少年の久治郎を打叩いたという。その罰として、四日から一週間水鉢を持たせ、「灰吹役」を一五日間申しつけられた。

右の告示にみられる水鉢を持たせる罰というのは、戦前の小学校でよくみられた、廊下に水入りバケツを持たせて立たせる罰と同じかもしれない。また灰吹役というのは、煙草盆掃除を思わせる。まだ煙管《きせる》を持てない少年たちに、店内各所におかれたやにで汚れている煙草盆掃除は苦痛だっただろうからだ。

〈吉川久太郎〉　七月十一日夜、ちょっとしたことで豊次郎を打叩き、怪我《けが》をさせてしまった。十三日から五日間水鉢を持たせ、灰吹役を一〇日間申しつけられる。少年同士のけんか久太郎も周太郎とほぼ同じ事件を起こし、罰則もほとんど同じである。少年同士のけんかはこのような片付け方だったらしい。

〈松之助〉　この少年は苗字が記されていない。八月六日、南蔵で物を蹴倒し、その品の上に乗ったので、厳しくとがめられた。ところが昼十二時ごろに、年下の子供が二人もいるのに、内蔵で上向きになり寝ていた。罪が軽いとはいえないので、六日夜から灰吹役を三週間申しつけられる。蔵でサボることは江戸時代にもよくあったが、他の少年にみせつけるようなやり方だったので罰が重かったのだろう。

休日券没収・禁足

告示店員は勤めて何年目とか、台所人の肩書がつかないのだが、告示三人目の喜太郎だけは三年台所とわかっている。「告」と題された内容は、この者に犯則があったので親方からいろいろ意見をしたが効果がないので、三〇日間飯番を命ずるはずだったが、格別のおなさけで当番を一五日と、二ヵ月分休日券引上げをするということだった。飯番という罰は喜太郎だけなので、台所人で告示された者はほかにいなかった可能性がある。この「飯番」と「当番」が同じ意味なのか不明だが、史料のまま記述した。なお、明治初年にみられた親方が台所人を取り仕切るやり方がつづいていたことがわかる。

ここにあげた「休日券」という表現ははじめて登場したものだ。江戸時代から手代には休日があったらしいようだが、きちんとしたきまりがあったかどうかわからない。この告示によれば、休日券は一ヵ月単位で前もって渡されたようで、外出を禁ずる禁足と関係して出し入れがきまったことが多いようだ。

たとえば石川治兵衛の場合、七月二十八日に南伝馬町まで出かけたところ、帰りがけに国元の者に出会い、話しこんで帰店が遅れてしまった。掃除後に帰ったというからかなり遅くなったのだろう。そのため来月分の休日券を没収のうえ、禁足を命じるはずだったが、このたび国元に立帰りが許されたので、帰店のうえ同じ罰則を適用することにしたという。

しかし事故があり繰越となり、十一月一日から休日券没収、三〇日間の禁足を命ぜられた。治兵衛の国元がどこだったかわからないが、やはり上方だろうか。

給金の変化

江戸時代奉公人がどのような形で給料を与えられたか、江戸店《えどだな》のあり方によってそれぞれ違うので一律に説明することは難しい。白木屋の近江屋与市店という別店では、明和六年（一七六九）の「定法帳《じょうほうちょう》」によると、その店では給金定法がはっきりと決まっていなかったので、日本橋店と相談のうえ定《さだめ》をつくったといっている。私が見たかぎりでは、白木屋傘下各店史料でこういう給金定史料はこれ一つだけである。この定では年々給金として四両、四年目の春から五両、買出し役になったら六両、支配人には一〇両である。数年忠勤して暇願を出し、認められた者には金五〇両が与えられたらしい。ただし、二三年以上の人にだけだったから、重役クラスのみである。そして支配人として「首尾能《しゅびよく》」お暇《いとま》となるときには、恩賞として一〇〇両与えられることになっている。

年単位で、手代になった年から給金が勘定されるが、年末に給与されたわけではなく、帳面につけて計算し、退職のときまで店に預けておく。途中で使いこみや家出をしたら、差引かれたり没収されたりであろう。

ただし店内で暮らしても、日々の生活には自分の費用が必要だったし、子供しか仕着施《しきせ》はないから、自分の衣料はととのえねばならない。三井越後屋では、「小遣《こづか》い」という名前の毎月の与え金があったが、他の大店《おおだな》でどうだったかはよくわからない。いずれにせよ、明治初年までは白木屋の給金定は江戸時代とあまり変ってはいなかっただろう。

ところが、この明治十六年（一八八三）茶の間告示の第一号にあげられた堀田卯兵衛は、売場勤務中におかしな商売をしていたことがわかり、禁足刑となるところ、特別をもって三ヵ月分「給料没収《ぼっしゅう》」を申渡された。給料取上げは卯兵衛だけであり、この記事により給料が毎月渡しと現在に似た形になっていたうえ、没収されたというのだから以前のように帳面上の措置ではなくなったことが判明する。いつからそうなったか、店法改正の結果かどうかは不明である。

店内人事　幕末期に〝店内人少な〟のため、いったん永暇《ながのいとま》を願い国元に帰国した者に再勤を命じたり、明治初期には立帰りという一時休暇が認められたようだが、明治十六年（一八八三）になると店法改正により人事に大きな変化がみられるようになった。

加藤清右衛門は支配人の地位という最高役職に登りつめた人物だったらしい。支配役数人の江戸時代、第一人目も数年で次位に代り、いったんは退任するが、当時清右衛門は四十歳代だったらしいから、現在なら働き盛りの年配である。明治十六年の事態が同じだったとはいえないが、清右衛門自身はまだ働ける状況だったのだろう。明治十六年七月十六日の告示によると、清右衛門の再勤願いに対し、店は許可することにしたが、以前務めていたときの「支配」の資格は廃棄したうえ、今般さらに世話役を申しつけたという。さしずめ現在の相談役並みにしたというところかもしれない。前述したように、当時支配人として明治七年（一八七四）から神鳥半兵衛が明治四十三年（一九一〇）まで就任していた。「支配」という地位に、以前清右衛門がいつまでついていたか、近江出身だろうが一時故郷に帰った後にどういう経緯で再勤を願い出たか、詳しいことは不明だが、老年になってから再度上京して働きたいと思うようになったのではあるまいか。

店内での役替りも、以前は順序をふんでいたらしいし、昇進も年功序列と抜擢制を組み合わせた形で行なわれていたが、告示に「売場退役のうえ、売場手替り役」が罰として張り出された人びとがいるので、店内での移動も以前とは変ったようだ。山中清七ら三人が十月二十六日に「不都合」があったからとこの告示が出されたが、十一月一日から前のとおり売場を申しつけられたというのだから、現在の休職にあたる罰だったのかもしれない。

夜の外出

この時期になると、商売を口実にして廓《くるわ》通いをしたり、芝居見物にふけったりする者はいなかったようだ。月に何日あったかわからないが、休日もあり月給だったらしいから、江戸期のように人目を忍んで遊びにふけり、商品をごまかして遊びの費用をひねり出す無理をしなくてもよかったのだろう。その代り、以前はできなかった夜の外出など、新店法で禁じられていた行動をする者もあったらしい。

六月十八日に張出された木下善兵衛の場合、一〇日に役所には無断で夜番にだけ話して、早朝に小網町まで出かけたという。役所・夜番の両方に届けてあれば夜の外出も許されたのかもしれない。昼の勤務終了後、店内外の掃除は店員の義務だったようで、その時間に間にあわなかったため石川治兵衛が処罰されたことからみても、掃除が終れば自由行動が認められたのだろう。「他行」と呼ばれた外出はきちんと手続きしなければならなかった。

八月十三日告示の四人は、十二日夜の掃除後に申合せて裏口から忍び出たというから、届出もせずこっそり抜け出したらしい。罰として二ヵ月分の休日・賜酒券没収のうえ、十三日から「湯六〇日間」禁足が申しつけられている。この「湯」が禁足の上につけられている例がいくつかあるが、木下善兵衛も湯三〇日間禁足、十四日にまた役所へ無断で深川へ行ったため、さらに休日・賜酒券三ヵ月没収のうえ、十八日から湯一〇〇日間禁足を申渡されている。

江戸時代と違い、白木屋内部での入浴はなくなり、銭湯に通うのが店員の楽しみになったのではなかろうか。十八世紀後半の店掟では風呂での浄瑠璃《じょうるり》を禁ずるといっていたのと大きく変ってきたのだろう。

賜酒券没収

罰則にあげられたなかに賜酒券没収がある。「売場手替り」を十月二十六日に申付けられた山中清七たち三人は、同時に休日券五ヵ月没収、一五〇日間禁足のうえ、賜酒券一ヵ月没収、禁酒といちばん重い罰をうけている。八月十三日夜に裏口から忍び出た四人のうちにこの三人が含まれていた。その後二ヵ月もたたないうちに「不都合の廉《かど》」があってこの「内告」を受けたのだから、だいぶ目にあまる行為があったのかもしれない。

江戸時代に料理・酒が祭礼や会議の後、登りの祝いなどのたびに奉公人の舌を楽しませた。また、台所で上役の者は料理や果物など取寄せることができたらしい。得意客に二階で料理・酒をふるまう場合もあり、奉公人に酒で身をあやまらないようにと、しばしば注意が出されているのは、ほとんどの奉公人たちに飲酒の機会があった事実を示している。

賜酒券がどのようなものだったかはよくわからないが、当時の店員には月単位で与えられていたらしい。どのくらいの酒量だったのか、店内での飲酒にかぎられたのか知りたいところである。禁酒の告示を受けたのは、山中清七たち三人だけなので、賜酒券は没収されても自分の金で飲酒できなかったのではないだろう。

なかには前にあげた山中重助のように、大酒飲みで腹がくさり、病院通いをしたうえに解雇された者がいたのだから、飲酒禁止はとても守れなかったと思われる。もっとも現在のように、どこでも手に入るものではなかったから、賜酒券があったことは店員にとって有難い恩恵とみなされたに違いない。

両から円へ

現在私たちは「円」を通貨の基本単位としている。この円は明治新政府によって定められた単位であり、それほど古いものではない。前にのべたように、明治初年の「万歳記録」ではまだ通貨は両で記載されていた。ただし、円の新しい呼称は明治四年（一八七一）五月の新貨条例《しんかじょうれい》に両に代って使われるようになったもので、明治七年（一八七四）にはすでに使われていたはずだ。太政官札《だじょうかんさつ》に代って紙幣が発行された一方、旧来の金貨一両を一円とするようになったのである。一円は純金一・五グラムとされ、多くの西欧諸国なみに金本位制となった。当初は一両＝一円と、単に呼び方が変っただけと受けとられたようだ。

ただし、旧来の両は、四進法で分・朱しか細かい単位がなく、庶民は銭でやりとりするしかなかった。銭の単位は貫・文であり、一貫＝一〇〇〇文であったから、庶民層は長く文の生活をしてきたのである。これに対して、一円＝一〇〇銭、一銭＝一〇厘と民衆は円・銭・厘という新しい通貨表示を使うようになる。明治十六年（一八八三）四月に山中重助が入院にさいして円や銭の通貨で支払っているのはそのためだ。

銭・厘以下通貨はなくとも十進法により、毛・糸……と計算だけは細かくできた。その点、江戸時代の銀貨に似ている。現在でも、貸借関係に用いる言葉に「日歩《ひぶ》」という数え方がある。現今のように、利息が年利何%というのではなく、一〇〇円に対し一日何銭の利息をつけるというやり方である。たとえば日歩三銭なら、一ヵ月借りれば〇・〇三円×三〇日＝九〇銭、一年なら〇・〇三円×三六五日で一〇円五五銭となり、一〇〇円に対し二〇・五五%になるわけで、質屋の計算などにも使われている。

協議役の存在

告示のなかには、諸種の特例がある。白木屋店内では店法を勘案して頭をしぼった人びとがいたらしい。以下二人の例をあげよう。

〈木下善兵衛〉この者は犯則があったので先ごろから禁足五〇日間を申付けたが、その後特別に身を謹んで勤務に励んだので、協議のうえ本刑を一五日間減じ、五月十四日から外出を許し、休日券一枚を下付する。これは五月十日の告示であった。協議したというので、何人か裁き役の役人たちがいたのだろう。一日だけの休日券もあったらしい。善兵衛は六月十八日にも無断外出のため注意を受けていたことは前にものべたので、とかく問題を起こしがちな店員だったのかもしれない。

その後、七月十四日の告示によれば、善兵衛は一〇〇日間の禁足を命ぜられているのに、実母の二三年忌法事のため、特別をもって九月分の休日券を取り上げ、七月十五日一日だけの休暇を許されている。

〈吉住儀兵衛〉　儀兵衛の告示で「万歳記録」は終っている。この十一月十二日「告」の内容は、儀兵衛が十一日夜の掃除後に帰店した犯則の処分についてである。儀兵衛の申し分によると、近く大沢氏（知人か）が帰国されるので、小谷氏（店員）と一緒に伺う予定だったが、小谷氏が多用のためどうしても行けないという。代りに儀兵衛が行くことになったので遅刻したが、小谷氏が自分の休みを半分「上納」したので、儀兵衛には罪がないことがわかったらしい。「半休」と記録にはあるので、半日休みの扱いもあったようだ。いずれにせよ、告示からは店内での何人かの裁き役の存在がうかがわれる。

終りに

経済史研究の主流

経済史研究の主流

私の大学院時代、近代日本経済史の研究対象は産業資本が主流だった。周囲の研究者は、製糸・織物・石炭・鉄鉱など明治・大正期に日本経済の中心的役割を担った産業資本の生成・発展過程や、諸産業を営業した財閥や企業のあり方を研究していた人が多かった。

そのなかで、江戸時代を手がけたい、しかも生産の中核だった農民層や、地主制、藩営専売など近世研究者の多くが取組んでいた問題ではなく、商業を扱うとなると、母校以外の方に指導や援助を頼むほかなかったのである。なにしろ、商人は生産にたずさわっておらず、価値を生む仕事をしていない者が大半を占め、商業は詐欺《さぎ》・瞞着《まんちゃく》（ごまかし）で利益を手に入れることを主な目的とする職業とみなされていた。輸送・金融など、価値を生み出すのにいくらか役に立つ役割を果たすものとして評価される職業はあっても、商業それ自体を研究対象に取り上げた私は肩身がせまかった。

外部での調査がほとんどできなかった私は、母校にある史料に頼るほかなく、本書に使用した史料の大部分は当時の収録ノートによっている。コピーなどまだ開発されておらず、写真撮影は資金の余裕がなく、手書きでの一〇〇冊を超えた筆写ノートは、その後原史料にあたって修正したり、穴を埋めたりすることはしたがまだ不十分である。とくに関西・関東諸地方での数十年にのぼる調査史料を検証することは難しい。なかには持主とともに消えてしまった史料もある。

その後研究対象の主流は大きく変わり、経済史研究者の層は薄くなったが、一般の人の流通に対しての関心はきわめて大きくなった。ただし、今までの研究だけを背景に流通問題を扱うことにはためらいがある。本書を出版するにあたり、私の考えを以下に示してみたい。

史料の確実性

諸種の庶民史料に接するなかで、私が考えることの一つに史料の重要性がある。政治史に首をつっこんでいないので確言できないが、いわゆる

「お上」向け史料には不信感が強い。庶民が書いたものでも、どういう意図で書かれたか、誰が書いたか考えないと、すべて実態を現しているか疑う必要がある。

本書は町家の内部史料を下敷きにしている。町家でも大店《おおだな》で本店―支店間の状況を示す史料には、両者間の事情を把握していないとわからないことや、隠している事態が他の記録で明らかになる場合があるので、気をつけなければならない。その点、本店の直接支配下とはいえない江戸店《えどだな》の内部史料は、ほぼその当時の実態を映し出しているといえよう。

現在でも、内部告発は中間管理職以下の人びとによるのが確実ではないだろうか。本書の史料の多くは、現在の課長〜部長クラスの役職（年齢は今より若い）だった中堅の人びとによって作られ、後代の加筆・訂正も含めて内部で保管されていたものである。江戸店には本店からの天下り《あまくだ》りは原則としてなかったし、いちばん高い地位についても数年で次位に代わるならわしだった。ほとんどの者が同じぐらいの年代から共に働き、そのなかで周囲から認められた者だけが昇進するのだから、上司にへつらって飛びぬけて高い地位に抜擢される者はいても少なかっただろう。

しかも多くの少年たちが諸種の事情で退店しなければならなかったし、二十歳に満たない青年が脱落した場合も少なくない。本書の最後に取り上げた「万歳記録」は、個々の奉公人たちの動向を丹念に記録した史料で、私にとっては貴重だったし、明治期にまで筆がおよんでいるので、近代とのつながりをさぐることができる一級史料だと思っている。

生産―流通―消費

流通にまず焦点をしぼり、時代は十七世紀中葉から明治・大正期におよぶ三世紀ほどに研究対象をかぎったが、庶民史料を扱ううちにただ流通にだけ目をそそいでいてはいけないことを痛感した。生産しても、自家の生活を支える以上のものは流通ルートにのせなければ対価はえられない。自給自足といわれた江戸時代でも、領主への高率の年貢米や、畠作物にかかる年貢銭・生活必需物資などのために、農民たちは自分の食いぶち以外の副収入を必要としたのである。

流通を担当する商人のあり方もいろいろである。農村内部では村の上層農民が下層農民の労働に対して、食料や衣料、その原料を渡すことがあったし、農村いくつかを対象とする六斎市《ろくさいいち》を通して諸商品が集荷・販売された地域もあった。なかには遠隔地を結ぶ商品もあり、塩のように時代や地域をこえ全国に流通ルートを持つ必需品がある。

最終的には流通を通して消費者にいたるのだが、その全過程を解明するにはきわめて難しい諸条件がある。しかし、生産―流通―消費の全ルートを追わねばならないと私は考えるようになった。生産だけが価値を生み出すのではなく、ニーズにより商人の手にわたり、加工・仕上が行なわれ、多くの消費者の要望にこたえる商品が誕生する。時代や地域によってその商品は変動していくが、私は限定した三世紀ほどの間の衣類やその原料に注目したい。それも一部の高級織物よりは、大部分の人びとが身にまとった衣類に興味がひかれる。ただ本書でその全部を取り上げるのは困難なので、「江戸店」のなかで筆者が直接史料に接することのできた一端だけに的をしぼることにした。

記憶の頼りなさ

今までの歴史観は、史料の見方にしても、庶民の日々の生活に対しては価値をあまり認めなかったのではないだろうか。とくに日常生活について私たちはほとんど記憶にとどめていない。最近、私は「戦中・戦後の記録を遺す会」と自称して、第二次世界大戦をはさむ時期の記録を後代に残したいと考えた。その一環として、戦中に疎開した岡山県倉敷での被服廠《ひふくしょう》（軍服製造の軍施設）大阪支廠や、現在の倉紡工場で飛行機製作に従事した同期の人びとの記録集を編んでいる。私も拙い一文を寄せたが、一年近く通勤して一〇時間働いたのに、記憶に浮んでくることはいくらもない。たとえば何時間か独りでトボトボとあぜ道や山道を歩いたはずだが、雨風の強い日や雪の降るなか、靴も傘も配給で使えないことが多かったのに、ぞうりか半分はだしだったのかまったく記憶にない。ちょうど本書江戸店少年たちの元服ごろである十五、六歳だった。

紙・筆記用具もほとんどなく、ものを書く時間や気力がなかった当時の自分を考えると、江戸時代の下層庶民が史料を遺せるはずがなかったとしみじみ思う。私の調査でも、生産者個人の記録は入手不可能で、日記・手覚え・手紙などを遺した人びとは農村でも余裕のある階層だったし、職人は製作物は遺しても、記録は商人や第三者に頼らざるを得なかった。

私が庶民にこだわるのは、人口の大部分がその層に属し、商品量が圧倒的に多く、扱い商人の富がその量にともなうからだけではない。私自身が最下層に近い生れの末端という思いがあるからである。

貧しさの誇り

私の関係した総合女性史研究会編の『女性史と出会う』（吉川弘文館歴史文化ライブラリー116、二〇〇一年）という刊行物がある。この書物は私とほぼ同年輩の七人を、研究会の方たちが聞取りをして、近世女性史とのつながりを中心にまとめたものである。聞取りをした方たちの感想として、七人のうちいちばん貧しい家で育ったのは林玲子であるというお墨付をいただいた。

詳しくはその聞取りを読んでいただくほかないが、岡山県笠岡市の内陸に小さな在郷商人の店を出した貧農分家の出である祖父は、字の読み書きができなかった。父はその長男であり、少し年上の姉がいた。姉は小学校に入る前から字をきれいに書いたという。村の人が盥《たらい》などに入手した年月の書入れを頼みに来たものだと父母の聞取りをしたとき父が言ったくらいだ。彼女の書いた帳面第一号（明治三七年売上帳）には、「シモゴエ一カ（荷）」九一（八月二十日）、「シモゴエ壱カ」九市（十月二十九日）、「四戔サケ一合」サヤマヤスロ、「一戔せんべ」ゆけユサワなど、たどたどしい片仮名、平仮名まじりの字が並んでいる。そうした貧しい家から家出同然に父は上京し、慶応大学の予科から本科に進んだらしい。

母は房総の農家の長女で、勉強は好きだったらしいが小学校以上には進学できない境遇だった。東京大学経済学部大学院で同期の石井寛治氏と一緒に聞取りしたときの話では、下田歌子に手紙で「働きながら勉強できないでしょうか」と尋ねたうえ上京し、女学校らしき学校を卒業後就職したが、余裕があれば私立大学に進みたかったらしい。

二人とも苦学しながら学び、下宿で父から母が英語を学んだ縁で結婚したという経歴だから、周囲には親類縁者はまったくいなかったし、私自身も東京府下の田舎育ちで、男児ばかりのなかで育った。人形やままごとはやったことはないし、木登り、屋根の上の鬼ごっこ、座敷のなかでの角力《すもう》という日々だったが、父母はなんの注意もしなかった。

こうした生立ちだったので、私は庶民育ちを誇りとしている。天皇家や公家、武士の先祖を大事にしている人とは違い、貧しい庶民の出だからこそ、庶民の日々の暮らしを明らかにしたいと願う気持ちが強い。

タテからヨコへ――エピローグ

私たちは自分の生立ちや、父母の思い出ぐらいの数十年の知識で過去を振り返る。現在にまで名前の残る企業ははじめから優秀な経営者がいたからだと思われているし、後進地とされる地方に進歩や新製品がみられても、その地域に先進地の技術や経営手法が導入されたのであって、他から与えられたものと思いがちである。私の若いころ、ヤマタイ国やヒミコについての論争があったが、そのときも九州は朝鮮や中国からの文化の流入地だし、畿内地域は政権の中心に後代になったところだから、ヤマタイ国はその二地のどちらかであると研究者や小説家たちが自説を唱えていた。その後歴史学の発展により、縄文時代や石器文化の時代に日本各地で諸種の遺跡がみつかり、特定の地域が発祥地や文化の中心地だという考え方は否定されるようになってきた。

私は日本庶民の暮らしにイネ（稲）とメン（綿）が大きな役割を果したたと思っているが、この二品がどういう経路でこの国内に拡がっていったかについては、庶民のヨコのつながりが重視されねばならないと考えている。イネの普及は私の研究範囲でないが、繰《くり》綿《わた》・木綿は生産―流通―消費の全過程で私の重要な関心事だ。

最初にのべたように、ワタは繰綿という衣料原料や木綿織物の形で、畿内・東海地域という暖地から東北へまで広く流通したが、十七世紀後半にみられた流通には領主権力はタッチしていない。廻船《かいせん》による受入地だった江戸の問屋や東北への荷継《につぎ》をした地方商人と江戸の問屋や仲買との関係も、十八世紀以降とまったく違う。そして、十七世紀から日本の各地庶民が愛好したワタは、権力によるタテのつながりではなく、農民たちのヨコのつながりがもたらしたものだった。技術の伝承や各地への普及についても、どのようにヨコに拡がっていったかをこれからも追いかけたい。史料によることが困難な場合でも、残された生産物や本書でも取り上げた地下発掘現場・遺留品など、史料以外のもので補うことができるようになった。以前は大名・旗本など上流階級の邸宅趾などが対象にされることが多かったが、最近は庶民層にも目が向けられるようになっている。

テレビドラマに大奥女中や高級旗本の奥方が、長く裾を引いた衣裳で登場してくる。私のような庶民育ちの者は、あんなにゾロリゾロリの着物だったら、汚れないように早朝から下男・下女たちが水汲み・雑巾掛けに必死だったろうと心配になる。丸洗いや洗剤の助けなしに、ああいう衣裳を再生するにはどれだけ庶民男女の苦労が必要だったろうか。

私はこれからも庶民下層の立場で、タテではなくヨコのつながりを重視し、今まで埋もれてきた史料や物品に目を注ぐ姿勢をとりたいと思っている。

あとがき

筆者は日本経済史の研究者として何十年か過ごしてきたが、通史が書けるほどの能力や体力がないので、扱かう分野および時代をかぎる必要があった。また、第二次世界大戦時代に生育し、学徒動員を経験、戦後の混乱期、復興時代、米ソ対立、赤狩り、高度成長期、落ち込みの時期という目まぐるしい変動を体験した世代である。

歴史観がこの間大きく揺れ動き、戦前・戦中の考え方が現在通用するとは思えないし、戦後の数十年間にかぎっても驚くほどの変動がある。そうしたなかで、若い方々を含めて読んでいただける書物が出版できるのか疑問だが、エピローグに記したように庶民の内部史料をできるだけ忠実に紹介し、個人の歴史観でまとめることのないよう努力した。

まず私の最初の研究テーマであった商業——流通の分野を中心に取り上げたい。筆者は時間的余裕が無かったため、母校東京大学経済学部所蔵の白木屋文書をとっかかりに、商業、特に問屋の研究に手を染め、その後三井越後屋、大丸屋、柏屋、川喜田《かわきた》、丁吟《ちょうぎん》など大店《おおだな》の江戸店《えどだな》中心に研究を進めた。一方、母校の仲間が近代日本経済史を研究対象としておられるので、明治・大正期の金融と産業・商業との関係を探ぐる勉強をした。詳しくは林玲子『近世の市場構造と流通』（二〇〇〇年、吉川弘文館）、同『江戸・上方の大店と町家女性』（二〇〇一年、吉川弘文館）を参照されたい。

研究対象の性格もあって、時代は十七世紀中葉から十九世紀終り近くまでを扱かった。近世・近代の枠は庶民の世界では政治史ほど高くはないし、私の研究会仲間もそういう意見の方々が少なくない。ただし、紙数の都合があるので本書はさらにその範囲を限定している。時代は十八世紀から十九世紀後半とし、取り上げた対象も特定の商店のみである。

なお、史料に全面的に頼ったため、表現に困ることが多かった。できるだけ現代風に書き直したが、同じ言葉でも時代によって意味や内容が違うことが少なくない。数字も大部分符牒で記されていて、銀勘定は今の字にはないものが使われている。史料には奉公人が「不埒《ふらち》」や「不都合《ふつごう》」をしたと書いてあっても、具体的な動向は分からないし、「奥」にうかがったといわれても、どういう人びとが重要事項を決定したか不明である。そのため史料に用いられている言葉には、場合によりかっこを付した。疑問を抱いた方は、原史料にあたるなり、これから史料集を刊行したいと思っているので、それらを参照していただきたい。なお、史料集として、石井寛治・林玲子編『白木屋文書　問屋株帳』（一九九八年、るぼわ書房発行、販売吉川弘文館）、林玲子・谷本雅之編『白木屋文書　諸問屋記録』（二〇〇一年、るぼわ書房発行、販売吉川弘文館）を刊行しており、現在三冊目として「万蔵記録」を含む『江戸店記録』を編集中である。来年度刊行予定。

二〇〇二年十月

林　玲　子

著者紹介
一九三〇年、東京に生まれる
一九六五年、東京大学院経済学研究科博士課程修了（経済学博士）
現在、流通経済大学名誉教授
主要編著書
江戸問屋仲間の研究　江戸店犯科帳　近世の市場構造と流通　江戸・上方の大店と町家女性　醤油醸造業史の研究〈編著〉　白木屋文書　問屋株帳〈編〉　白木屋文書　諸問屋記録〈編〉

歴史文化ライブラリー
148

江戸店の明け暮れ
二〇〇三年（平成十五）一月一日　第一刷発行
著　者　林《はやし》　玲《れい》　子《こ》
発行者　林　　英　男
発行所　株式会社　吉川弘文館
東京都文京区本郷七丁目二番八号
郵便番号一一三―〇〇三三
電話〇三―三八一三―九一五一〈代表〉
振替口座〇〇一〇〇―五―二四四
印刷＝平文社　製本＝ナショナル製本
装幀＝山崎　登

歴史文化ライブラリー

1996.10

刊行のことば

現今の日本および国際社会は、さまざまな面で大変動の時代を迎えておりますが、近づきつつある二十一世紀は人類史の到達点として、物質的な繁栄のみならず文化や自然・社会環境を謳歌できる平和な社会でなければなりません。しかしながら高度成長・技術革新にともなう急激な変貌は「自己本位な刹那主義」の風潮を生みだし、先人が築いてきた歴史や文化に学ぶ余裕もなく、いまだ明るい人類の将来が展望できていないようにも見えます。このような状況を踏まえ、よりよい二十一世紀社会を築くために、人類誕生から現在に至る「人類の遺産・教訓」としてのあらゆる分野の歴史と文化を「歴史文化ライブラリー」として刊行することといたしました。

小社は、安政四年（一八五七）の創業以来、一貫して歴史学を中心とした専門出版社として書籍を刊行しつづけてまいりました。その経験を生かし、学問成果にもとづいた本叢書を刊行し社会的要請に応えて行きたいと考えております。

現代は、マスメディアが発達した高度情報化社会といわれますが、私どもはあくまでも活字を主体とした出版こそ、ものの本質を考える基礎と信じ、本叢書をとおして社会に訴えてまいりたいと思います。これから生まれでる一冊一冊が、それぞれの読者を知的冒険の旅へと誘い、希望に満ちた人類の未来を構築する糧となれば幸いです。

吉川弘文館

〈オンデマンド版〉
江戸店の明け暮れ

On Demand
歴史文化ライブラリー
148

2018年（平成30）10月1日　発行

著　者　林《はやし》　玲《れい》子《こ》
発行者　吉 川 道 郎
発行所　株式会社　吉川弘文館
〒113-0033　東京都文京区本郷7丁目2番8号
TEL　03-3813-9151〈代表〉
URL　http://www.yoshikawa-k.co.jp/
印刷・製本　大日本印刷株式会社
装　幀　清水良洋・宮崎萌美

林　玲子（1930～2013）

ISBN978-4-642-75548-1